LA CONFESIÓN SACRAMENTAL
Guía práctica para penitentes y confesores

RAIMONDO MARCHIORO

LA CONFESIÓN SACRAMENTAL

Guía práctica para penitentes y confesores

Tercera edición

EDICIONES RIALP
MADRID

Título original: *La Confessione Sacramentale*

© 1999 *by* P. RAIMONDO MARCHIORO
© 2024 de la edición española traducida por JOSÉ RAMÓN PÉREZ ARANGÜENA
by EDICIONES RIALP, S. A.
Manuel Uribe 13-15, 28033 MADRID
(www.rialp.com)

Con aprobación eclesiástica del Vicariato de Roma.
8 de junio de 1998

Fotocomposición: M.T , S.L.

ISBN: 978-84-321-6662-4
ISNI: 0000 0001 0725 313X
Depósito legal: M-915-2024
Impreso en Anzos, S. L. (Fuenlabrada)

ÍNDICE

PRÓLOGO
A LA EDICIÓN ESPAÑOLA

–El día que quieras ser feliz, vas y te confiesas.

Lo había experimentado él mismo, tras varios meses de huida de Dios, de amargura e insatisfacción, y con esa convicción que dan la vivencia y el escarmiento propios se encontraba animando a confesarse a uno de sus mejores amigos, que se resistía con toda la batería de excusas "razonables" que suelen utilizarse en estos casos: «la confesión es muy dura, es un palo», «estoy muy bien como estoy», «yo me confieso directamente con Dios», «yo hago lo que me da la gana y no tengo por qué contarle mis cuitas a un hombre, por muy cura que sea»...

A éstas, cansado de toparse con un muro infranqueable de cerrazones, decidió al fin cambiar de táctica y dejarle en el alma –o en el estómago– esta bomba de muy probable efecto retardado:

–El día que quieras ser feliz, ver-da-de-ra-men-te feliz..., vas y te confiesas.

La confesión es el sacramento de la alegría. Y aquel hombre, como lo tenía experimentado, intentaba transmitir a su amigo un conocimiento sapiencial: esa ciencia sabida y saboreada que supera las razonadas sinrazones en que se parapeta la pereza y la falta de perspectiva y el materialismo y la superficialidad y la sensualidad y... Y la soberbia, sobre todo la soberbia –llámese orgullo, vanidad, egoísmo o amor propio–, que es muy suya, que se autocontempla, que no da el brazo a torcer y siempre tiene a mano fáciles argumentos retóricos, a la par que empuja al alma a alejarse progresivamente de Dios, a emprender una *fuga in avanti* que cada vez la enfanga más, y a acrecentar día a día, sin querer admitirlo, el grado de tristeza y de sinsentido de la vida.

Sí, la confesión es el sacramento de la alegría. Y también de la esperanza y de la perspectiva vital, y de la libertad y de la paz –¡ay, San Agustín, cuánta razón tienes con aquello célebre de que «nos hiciste, Señor, para Ti, y nuestro corazón está inquieto mientras no descansa en Ti»–, y del desenmascaramiento de los falsos problemas que crea el pecado, y de la claridad de conciencia, y de la justa tasación del valor y entidad de las cosas, y de la verdad sobre uno mismo...

Más aún, la confesión es asunto de amor y, por ello, el sacramento –¿conviene subrayarlo?– del cabal conocimiento de Dios: de ese único Dios que, porque es Padre y lleno de misericordia, como aquél del Evangelio acoge, perdona, conforta y revitaliza a fondo al hijo que le ha ofendido y reconoce su culpa. Porque eso sí que tiene que hacerlo éste: pedir perdón explícitamente, tal como consta en la parábola de Jesús, aunque sea tras el efusivo abrazo paterno. Todo lo demás, lo verdaderamente capital, corre de la cuenta de su Padre Dios.

Pedir perdón es lógico, es humano. Si no, el hombre sería como un perrillo, o un gusano, o una trucha, o un zopilote: como un animal. Dios, para saldar la deuda de los pecados, ha de escuchar la petición del hombre. O sea, Dios no puede perdonar a quien no le pide perdón, a quien no reconoce libérrimamente sus pecados de modo contrito y concreto. Y es que, si Dios perdonara sin permiso, abolería la libertad del hombre, que perdería, con ella, su condición. Porque Dios le habría rebajado al nivel de los perros, de los gusanos, de las truchas o de los lemures de Madagascar: de los animales. Es, pues, asunto importante éste.

Y tanto. ¿Hace falta entretenerse aquí a relacionarlo con el abuso que en algunos lugares se ha hecho de las absoluciones masivas sin previa confesión individual? ¿Es preciso insistir en que —salvo en los supuestos tan excepcionales previstos, algunos desde siglos— esas colectivizaciones al buen tuntún no sólo están fuera de toda norma, sino de la lógica humana y divina en que se funda la ley? ¿Se entiende así por qué, si se recibe una de ellas y se sobrepasa el trance, hay que acudir cuanto antes a acusarse de los pecados en una confesión individual? Por fortuna, tal parece que la moda de impartir indiscriminadamente absoluciones colectivas, aunque todavía perdure, está en franco declive.

—¿Y tampoco puedo entonces confesarme directamente con Dios para que me perdone los pecados?

—¿¡Y quién ha dicho que no puedas!? ¡Si es muy bueno hacerlo! Pero siempre que no pretendas convertirlo en sucedáneo espurio de la confesión sacramental; en donde, por cierto, también te confiesas, si no inmediatamente, sí directa y personalísimamente con Dios.

Cristo, el perfecto Dios y hombre, instituyó y legó a la Iglesia la confesión para que el hombre fuera plenamente hombre, para que no actuara torticeramente, sino para que reconociera con sinceridad y sin ambages —ante un mediador humano del único interlocutor divino— su actuación personal: la responsabilidad de sus comportamientos perversos. Y así Dios pudiera otorgarle —junto al desahogo psicológico que toda confesión lleva consigo, pero muy por encima de éste— su perdón, su gracia y su paz, que nadie en el mundo puede dar, sino sólo Él.

Experiencia y gozo del alma de todo confesor es toda confesión: ver la gracia fluir hacia alguien que ha abierto lo más íntimo de su corazón a quien, si no estuviera revestido de inmerecida autoridad divina, ¡a buenas horas iba a contarle nada!

Pero, sin desdoro de nadie, mayor alegría no cabe que cuando se presenta una oveja dolorosamente descarriada o un dracma largo tiempo perdido, por usar la terminología de sendas parábolas evangélicas. Verle llegar al confesonario con cierta aprensión y rostro preocupado, notar quizá el tembleque de su voz inicial, darle confianza, escuchar su acusación contrita y exuberante, aconsejarle lo más oportuno y esperanzador, detectar su primera sonrisa, impartirle a plena gana la absolución, y verle al fin alejarse exultante de regocijo en el alma y de renovada juventud en el cuerpo...: no hay en el mundo nada más gratificante que ser testigo de esa inolvidable experiencia, ni dinero suficiente para pagarla, ni confesor capaz de acostumbrarse a la gracia singular que Dios le otorga en tales ocasiones.

—¿Está en crisis la confesión?

—Sin duda, para qué negar la evidencia. Cosa distinta

sería indagar sus causas: que si cuestiones socio-culturales o socio-culturoides, que si escasa valoración de la conversión, que si falta del sentido del pecado... ¿No hemos citado antes el efecto autocomplaciente de la soberbia? Y sin olvidar que, mirando a los curas, también probablemente habría que responder a la pregunta: «¿qué fue primero, el huevo o la gallina?».

—¿Pero tiene o no tiene futuro entonces la confesión?

—Sin duda. Y también presente. Para afirmarlo taxativamente no hace falta apelar a la consideración teológica de que no cabe admitir la extinción de ninguno de los siete principales canales de gracia divina que Cristo dejó a la Iglesia. Basta acudir a los hechos. Pues, si bien ciertamente se confiesan muchos menos que hace treinta y cuarenta años, en la fotografía penitencial sale hoy más gente que en la de hace una o dos décadas. Y eso representa, ni más ni menos, presente y futuro, pese a las rémoras habituales —¡las evidentísimas heridas del pecado original!— que desde siempre acompañan a la confesión.

—¿Y cómo salir de la crisis?

—Con la ayuda de Dios, evidentemente, aparte de con mucha paciencia. No tengo la varita mágica, pero entiendo que habría que predicar —¡ay, la fuerza de arrastre de la Palabra de Dios!—, más a menudo y con mayor convicción, de las bondades, de la belleza y de la grandeza de la confesión ¡y de la confesión frecuente! A la vez, habría que sentarse físicamente más tiempo en el confesonario, tanto para que los parroquianos vean que lo que se predica va en serio, como para que cualquiera de ellos u otros fieles sepan cuándo y dónde encontrar un confesor a su disposición.

Se me ocurre que, entre otras medidas complementarias, habría también que evitar que las confesiones se ciñan de hecho a Adviento y Cuaresma y, además, esmerarse en cuidar las confesiones de niños.

—¿Cómo es eso?

—Muy sencillo. Lo primero se refiere a lo que de hace años acontece en no pocas parroquias. ¿Quién va a negar que los actos penitenciales son muy sanos y recomendables, y que expresan más claramente el carácter eclesial de la penitencia? Concurren a ellos numerosos fieles que, tras ser ayudados a preparar el alma mediante las lecturas, la predicación y los ritos previstos, se acercan a los sacerdotes presentes para acusarse de sus pecados y recibir la absolución. Pero... ¡pero! organizar sólo en Adviento y en Cuaresma algún acto penitencial y luego dejar el confesonario amontonando polvo durante el resto del año..., eso, cuando menos, no es precisamente fomentar la penitencia.

Para lo segundo, lo de la confesión de niños, valga como referencia el suceso real acontecido a un chaval de diez años, llamémosle Alfonso, alumno de un colegio de religiosos —sacerdotes—, donde el curso pasado le prepararon para la Primera Comunión. A mediados de marzo, en una ceremonia cuidada y en presencia de los padres, el grupo de futuros comulgantes hizo su Primera Confesión. Hasta ahí, todo intachable. ¿Pero qué sucedió después? Pues que a primeros de mayo, un mes y medio más tarde, los chicos tuvieron su Primera Comunión ¡y a ninguno de los frailes se le ocurrió ni siquiera ofrecerse a confesarlos unos días antes!

¿Es que todos habían ido a Misa todos los domingos anteriores? ¿Es que ninguno había peleado o insultado o

14

mentido o desobedecido en ese tiempo? Item más, ¿es la confesión algo a eludir, o a usar muy de cuándo en cuándo? ¿Qué planteamiento sobre ella domina en las cabezas de esos religiosos? ¿Cuál han comenzado a incubar en las de los niños? Por otro lado, ¿no es posible que el desaguisado se debiera, sin más, a un mayúsculo despiste?... En fin, dejémoslo ya. Pero, sea como fuere, conste que lo hecho —lo omitido, para ser exactos— no parece ser precisamente el modo mejor de inculcar en las almas infantiles, esponjosas de por sí, ni delicadeza para con la Eucaristía, ni afán por la santidad, ni sentido del pecado y de su radical negatividad, ni aprecio por la gracia divina y por la confesión.

—Hombre, sí, de acuerdo, pero son niños...

—Pues no, y justamente por eso. En mi vida he tenido ocasión de confesar a miles de ellos y puedo afirmar que, en algunos casos, rara vez he visto almas tan despiertas como las suyas. Hay que respetar sus conciencias de niños, más necesitadas que ninguna, más finas y sutiles de lo que puede imaginarse, al igual que es preciso educarlas, enderezarlas o pulirlas. Y jamás minusvalorarlas. ¿O es que no nos parece tremendamente injusto que un hombre maduro, de vuelta de casi todo y con la vida resuelta, desde la altura de sus años menosprecie las dificultades que está pasando un joven para encontrar su primer trabajo o para casarse, comentando: «eso se arregla con el tiempo»?

La confesión es escuela irremplazable para los niños y niñas, que llegarán a ser hombres y mujeres. Y parece obvio que si la estiman en la infancia, será indudablemente más fácil que de mayores la valoren como conviene y se beneficien de sus frutos.

–¿Y no es cierto eso que dicen de que los traumatiza?

–¿Traumas? Sólo en la cabeza adulta y teórica; de ningún modo en los niños. En tantas ocasiones sucede que, sabedores de las faltas que cometen y juzgándolas a su leal entender, tienen tal ilusión de ser escuchados, perdonados e incluso reconvenidos, que hay que quitárselos materialmente de encima y prohibirles confesarse más de una vez a la semana: un espacio de tiempo, por cierto, casi interminable para ellos.

Y siempre recordaré a aquel chico que, pasado el trago del lógico nerviosismo previo, al acabar la ceremonia de su Primera Confesión se me plantó delante con las manos en los bolsillos, me miró muy seriecito y, desde su miniestatura, me soltó con desparpajo:

–Esto está *chupao*.

Los anteriores párrafos han venido motivados porque en el libro que prologamos no se ofrecen más que breves ponderaciones de la confesión sacramental. Raimondo Marchioro no se entretiene demasiado en poner de relieve su valor capital para la vida cristiana, sino que lo da por supuesto, lamenta su crisis en la introducción, acaso con tintes algo recargados de amargura y pesimismo, y sigue derecho su camino. Pero ya es hora de ocuparse del libro y de su autor.

Bastantes horas semanales de dedicación y muchas decenas de miles de confesiones en mi haber durante veinte años de sacerdocio me hicieron comprender de inmediato, en cuanto cayó en mis manos su versión original italiana, que estaba ante un texto importante y distinto sobre el sacramento de la Penitencia.

Lo curioso es que se trata de un libro con doble destinatario: el fiel cristiano y el confesor. ¿Para quién en primer lugar? Pues diría que los fieles hallarán todo lo necesario para ilustrarse sobre el sacramento y para hacer una buena confesión, mientras los sacerdotes descubrirán un amplio vademecum de sabiduría, de experiencia y de prudencia pastorales para ejercer adecuadamente su delicado ministerio penitencial. Esta última es, sin duda, la faceta más sobresaliente del libro, nada fácil de encontrar en otros.

El autor escribe con una finalidad radicalmente práctica, perspectiva desde la que consigue obviar con elegancia disquisiciones teóricas. Apunta la doctrina asentada a lo largo de dos milenios y propuesta hoy por el Magisterio de la Iglesia, y desde ahí aborda el sacramento de la Penitencia casi hasta agotar sus consecuencias, en la medida que resultan útiles para fieles y confesores.

Conviene también destacar el estilo deliberadamente llano y sencillo empleado en todo momento, que facilita la lectura del texto y contribuye de modo notable a llevar a buen término los objetivos prácticos que pretende.

Raimondo Marchioro, el autor, es un franciscano conventual italiano que ha trabajado muchos años en la Congregación vaticana para el Culto Divino y Disciplina de los Sacramentos y que, por lo que deja patente en su libro, posee una grande y larga experiencia como confesor.

Digamos, por último, que una prueba evidente de la calidad del libro de Marchioro es su éxito en Italia, donde a los diez mil primeros ejemplares allí editados en octubre de 1998, ha habido que sumarles otros tantos sólo nueve meses más tarde, en junio de 1999.

«El día que quieras ser feliz, vas y te confiesas». «Esto está *chupao*. Quizás en estas dos frases se condense todo lo dicho en los párrafos iniciales. En cualquier caso, deseo vivamente que este libro sirva a muchos para encontrar el camino «chupao» hacia la auténtica felicidad, que Dios concede en la tierra —y, en su día, en el Cielo— a quienes contritos y confiados confiesan sus pecados en el sacramento de la Penitencia.

José Ramón Pérez Arangüena

INTRODUCCIÓN DEL AUTOR

Dejamos a los especialistas el examen de los actuales fenómenos socio-culturales y la consiguiente formulación de las previsiones, fáciles por otra parte, a que conduce el rápido progreso de la crisis de valores de la sociedad de hoy.

Observamos en nuestro mundo cristiano una carrera desenfrenada hacia el hedonismo, hacia la satisfacción de todo deseo sin ningún discernimiento ni valoración de los límites señalados por Dios al hombre, sin sentido alguno de justicia hacia las ansias y sufrimientos de los hermanos. Todo esto lo ha creado el vuelco radical de las actitudes individuales y sociales en las personas y en las instituciones, en primer lugar en la familia. Se nota así un pavoroso difundirse del paganismo y una lenta, pero constante, caída del verdadero sentido cristiano del pecado.

Se ha llegado a tal situación porque, con desconcertante superficialidad, se concede crédito demasiado fácilmente a los medios de comunicación y a los mitos de la cultura, eclesiástica y laicista, que están variando lentamente los horizonte eternos de justicia y de caridad y los valores fundamentales de la vida del hombre.

En este ambiente, demasiado humano y poco espiritual, no sorprende que, junto a muchos otros elementos religiosos, el sacramento de la confesión, fundado únicamente en lo sobrenatural, haya entrado en crisis y se acorten a ojos vista las largas colas que hace pocos años se formaban ante los confesonarios.

Reflexionado sobre mi larga experiencia de confesor y de estudioso durante muchos años en la Congregación de los Sacramentos, he sentido el deber de "poner mi granito de arena" y de ofrecer mi contribución a los fieles y a los confesores, para evidenciar la belleza y la grandeza de este sacramento y para calibrar el valor que Cristo le ha dado en la vida de la Iglesia, siendo como es un precioso instrumento de progreso espiritual en el camino de la santidad.

Es un gran mal minusvalorar este canal de gracia, porque su ausencia enfría el amor a Dios y al prójimo y acrecienta en el individuo el egoísmo, el hedonismo y el neopaganismo.

He dividido el trabajo en dos partes. La primera va dirigida a los penitentes, que tienen a mano todos los elementos requeridos para hacer una buena confesión. La segunda, útil para los sacerdotes confesores, recoge sintéticamente todas las enseñanzas para administrar de modo adecuado el sacramento de la Penitencia.

En la primera parte se explica el significado de la confesión, subrayando su sacramentalidad y recordando su fin: borrar el pecado y recuperar o aumentar la gracia santificante. Se prueba la institución divina de este sacramento confiado a la Iglesia, que lo ha administrado a los fieles con cierta severidad en los primeros tiempos y ha trazado luego su evolución a lo largo de los siglos.

Se presentan las tres formas actuales de celebración litúrgica de la Penitencia, recordando en todo momento a los fieles los elementos necesarios para hacer una buena confesión. Por su importancia capital, se estudia en particular la acusación de los pecados y la absolución sacramental.

En la segunda parte se aborda todo lo que atañe al confesor, la jurisdicción requerida y sus deberes hacia los penitentes.

Confesar es una actividad pastoral más bien compleja y delicada. Por ello, se señalan líneas de comportamiento hacia algunas categorías particulares de penitentes que precisan un tratamiento especial y se recogen las normas para impartir la absolución. Tras considerar las relaciones entre la Penitencia y la Eucaristía, se termina con las indulgencias, que sirven para expiar los pecados ya perdonados en la confesión.

Este libro va destinado a todos los fieles que desean prepararse bien para recibir con eficacia el sacramento de la Penitencia y a todos los confesores que quieren administrarlo dignamente: éstos encontrarán, en efecto, la síntesis de las normas teológicas y jurídicas requeridas para cumplir con la debida diligencia su propia misión de ministros de Dios.

Se trata de un libro sin pretensiones: expresamente he elegido un estilo sencillo, accesible a todos, que mira sólo a lo esencial.

Deseo que estas páginas ayuden a los penitentes y a los

confesores a comprender mejor y a apreciar más el sacramento del perdón, insustituble instrumento de gracia en la vida de la Iglesia que, utilizado con mayor frecuencia y eficacia, sirve para caminar más resueltamente hacia la perfección y santidad.

I. QUÉ ES LA CONFESIÓN SACRAMENTAL

La confesión sacramental es un verdadero y propio sacramento instituido por Jesucristo, por el cual, con las debidas disposiciones, se perdonan los pecados cometidos después del Bautismo (cfr. *Catecismo de la Iglesia Católica*[1] 1420-1498). La confesión sacramental se llama también *penitencia, reconciliación* o, sin más, *confesión.*

No debe confundirse la confesión sacramental con cualquier confesión o conversación mantenida con otro –por ejemplo un psicólogo–, ni tampoco con la revelación de los propios secretos o problemas personales a un amigo, aunque sea sacerdote. *Por confesión sacramental sólo se entiende* la verdadera acusación de los propios pecados, hecha al sacerdote confesor con la intención de recibir de él la absolución sacramental, en orden a obtener el perdón de Dios.

---

[1] En adelante, CCE.

La confesión es un sacramento –un canal de gracia– y por su entidad y significado puede definirse también con otros nombres:

- *sacramento de la conversión*, porque toda confesión debe representar una verdadera conversión;
- *sacramento de la penitencia*, porque la penitencia es elemento necesario para hacer una buena confesión y, por tanto, para realizar una verdadera conversión;
- *sacramento de la confesión*, porque el penitente debe manifestar al sacerdote los propios pecados, y también porque quien *se confiesa* reconoce que es pecador y, por tanto, advierte la necesidad de pedir misericordia al Señor;
- *sacramento del perdón*, porque mediante la absolución del confesor Dios concede al penitente el perdón de los pecados;
- *sacramento de la reconciliación*, porque reconcilia al pecador con Dios (2 Cor 5,20) (cfr. CCE 1423-1424).

Las condiciones indispensables requeridas para obtener la remisión de los pecados cometidos después del Bautismo son: el arrepentimiento de los pecados, el firme propósito de evitarlos en el futuro, la debida acusación hecha al confesor y la aceptación de la penitencia que éste imponga al impartir la absolución sacramental.

El sacramento de la confesión remite los pecados cometidos después del Bautismo. Los cometidos antes, en cambio, son perdonados por el propio sacramento del Bautismo. Ahora bien, si un adulto recibe el Bautismo sin las precisas disposiciones de fe, arrepentimiento y propósito de enmienda de sus pecados anteriores, éstos sólo le serán perdonados cuando remueva el obstáculo; es decir, cuando alcance esas debidas disposiciones. Con posterioridad, tales pecados no tienen por qué declararse en la confesión sacramental.

II. EL SACRAMENTO DE LA CONFESIÓN

Noción de sacramento

El sacramento es un signo –cosa o acción– sensible que, por institución de Jesucristo, tiene la virtud de significar y de producir la gracia santificante.

El concepto de sacramento comprende cuatro elementos:

1. un signo sensible que se pueda percibir con los sentidos;
2. la institución por parte de Jesucristo;
3. el *signo* sensible *significa* la gracia santificante;
4. la eficacia del signo sensible, natural, para producir un efecto sobrenatural, que es la gracia santificante.

La confesión o penitencia es un verdadero y propio sacramento, distinto del Bautismo (cfr. Concilio de Trento: *Denzinger-Schönmetzer*[2], 1701-1702).

El signo sensible del sacramento de la confesión

Para que haya sacramento de la confesión, al igual que en todos los demás, se requieren tres elementos:

1. *La materia*: una cosa sensible, pero solamente la establecida –agua natural, aceite, pan y vino, por ejemplo–; y no cualquier acción sensible, sino sólo una determinada.

   La materia de la confesión son los actos del penitente: dolor, propósito de enmienda, acusación de los pecados y aceptación de la penitencia. Los teólogos, siguiendo a Santo Tomás de Aquino, llaman a estos actos *quasi-materia*, ya que en ellos falta una sustancia corpórea (Cfr. Conc. de Trento: DS 1704; CCE 1450-1460).

2. *La forma*: la pronunciación de unas palabras, establecidas directamente por Cristo o por la Iglesia. Esas palabras, unidas a la materia, forman un único signo sacramental.

   La forma esencial de la Confesión está en las palabras de la absolución sacramental: «*Yo te absuelvo de tus pecados en el nombre del Padre, y del Hijo y del Espíritu Santo*».

---

[2] Denzinger-Schönmetzer, *El Magisterio de la Iglesia*, ed. Herder. En adelante, DS.

3. *El ministro*: el sacerdote confesor, que absuelve de los pecados en nombre de Cristo y de la Iglesia; ha de poseer también la debida jurisdicción (cfr. *Código de Derecho Canónico*[3], 967-969).

   Para la validez del sacramento no se requiere en el ministro ni el estado de gracia ni la fe: basta que cumpla el rito en la forma prescrita y tenga intención de hacer lo que entiende la Iglesia.

La confesión es un sacramento de muertos

Los sacramentos se dividen en dos: *de muertos* y *de vivos*.

Los sacramentos de muertos son Bautismo y Penitencia.

Los sacramentos de vivos son Confirmación, Eucaristía, Unción de enfermos, Orden y Matrimonio.

Se llaman sacramentos de muertos, porque quien los recibe, aunque vivo físicamente, está generalmente muerto a la vida sobrenatural por el pecado mortal. El Bautismo y la Penitencia borran el pecado y confieren la gracia santificante –gracia primera–, que es la vida del alma.

Se llaman sacramentos de vivos, porque quien los recibe debe estar ya vivo a la gracia –en estado de gracia– y no en pecado mortal. Quien recibe un sacramento de vivos y es consciente de no estar en gracia de Dios, comete un grave pecado de sacrilegio.

---

[3] En adelante, CIC.

Eficacia del sacramento de la confesión

Por voluntad de Cristo, la confesión y todos los demás sacramentos, además de significar la gracia, la producen y la conceden a quienes los reciben sin poner impedimentos. Desde el punto de vista subjetivo, el impedimento más importante es el rechazo del sacramento, es decir, tener la voluntad de no recibirlo.

En el sacramento de la confesión, como en todos los demás, existe siempre impedimento cuando falta —o es gravemente defectuoso— alguno de los elementos esenciales que constituyen el sacramento: la materia —para la confesión, quasi-materia—, la forma o el ministro.

Los sacramentos son verdaderas causas eficientes de la gracia, aunque sean causas instrumentales: obran, en virtud del cumplimiento objetivo del rito sacramental, por propia e íntima eficacia, recibida de Jesucristo («*ex opere operato*»).

III. EL PECADO

Noción

El pecado (cfr. CCE 1846-1876) es una ofensa hecha a Dios, transgrediendo su ley.

La ofensa, siendo absoluta en cuanto tal, por su gravedad es a la vez relativa al conocimiento que cada uno tenga de Dios y a la mayor o menor responsabilidad del desorden cometido al transgredir la ley. Así, por ejemplo, es diferente la gravedad de un pecado según sea cometido por un niño, por un adulto ignorante, por un teólogo o por un alma favorecida por la gracia.

División

Los pecados pueden ser diferentes según su objeto, como sucede con todo acto humano. El pecado, en efecto, para que sea tal, debe ser un verdadero acto humano.

El pecado puede ser original y actual

El pecado original (cfr. CCE 385-421) es el que cometió Adán como cabeza de toda la humanidad y se traspasa a todo hombre, en cuanto hijo suyo, por la generación natural.

El pecado actual o *personal* es el que voluntariamente comete quien ha llegado al uso de razón.

Este pecado puede cometerse de cuatro modos: de pensamiento, de palabra, de obra y de omisión. Y, a la vez, puede suceder que sea contra Dios, contra el prójimo o contra uno mismo.

El pecado actual o personal puede ser mortal o venial.

I. El pecado mortal

El pecado mortal es una desobediencia a la ley de Dios en materia grave, realizada con plena advertencia de la mente y deliberado consentimiento de la voluntad.

Para todo pecado mortal es necesario que lo realizado sea verdaderamente un acto humano; es decir, que proceda de la libre voluntad de un hombre que ha advertido claramente la bondad o malicia de su acto. Sólo entonces el hombre se hace responsable y actor de su acto: bueno o malo, digno de premio o de castigo. El pecado mortal es un acto humano malo y merecedor de castigo. Es una grave falta de amor de Dios.

Requisitos del pecado mortal

Para determinar un pecado mortal se requieren tres elementos: 1.º materia grave; 2.º plena advertencia de la inteligencia; 3.º deliberado consentimiento de la voluntad.

31

1.º *Materia grave*: transgredir gravemente una ley divina o humana, eclesial o civil.

He aquí una lista de las principales y más comunes transgresiones graves de esas leyes:

- Negar o dudar de la existencia de Dios, o de cualquier verdad de fe enseñada por la Iglesia.
- Blasfemar contra Dios, la Virgen María o los santos, profiriendo –también mentalmente– palabras y expresiones injuriosas.
- No asistir a Misa en domingo o en las fiestas de precepto sin ningún motivo grave, sino sólo por pereza, negligencia o mala voluntad.
- Tratar de modo gravemente ofensivo a los propios padres o superiores.
- Matar a una persona o herirla gravemente.
- Provocar directamente el aborto.
- Cometer actos impuros: en solitario (masturbación), o en compañía (fornicación, adulterio, actos homosexuales o cualquier otra especie de impureza).
- Impedir de cualquier modo la concepción, en el cumplimiento del acto conyugal.
- Robar objetos o bienes de otros de valor estimable, o sustraerlos mediante engaños y enredos.
- Defraudar al fisco en cantidad notable.
- Infligir un grave daño físico o moral a otra persona mediante la calumnia o la mentira.
- Consentir pensamientos o deseos impuros de todo lo que prohíbe el sexto mandamiento.
- Cometer graves omisiones en el cumplimiento de los propios deberes.

- Recibir en pecado mortal un sacramento de vivos: Confirmación, Eucaristía, Unción de enfermos, Orden y Matrimonio.
- Embriagarse o drogarse hasta el punto de perder en gran parte las facultades mentales.
- Callar en la confesión, por vergüenza, cualquier pecado grave.
- Causar escándalo al prójimo con graves acciones o actitudes.

2.º *Plena advertencia de la inteligencia*: saber y estimar que lo que se va a hacer u omitir está gravemente prohibido; es decir, ir contra la propia conciencia.

3.º *Consentimiento deliberado de la voluntad*: querer hacer u omitir deliberadamente lo que se sabe con claridad que es un mal grave, que objetivamente es un pecado mortal.

Para que un pecado sea mortal se requiere que estos tres elementos se den simultáneamente en una acción pecaminosa. Si falta uno solo de esos elementos –p. ej., advertencia–, e incluso una parte de uno de ellos –p. ej., *pleno* consentimiento–, no hay pecado mortal.

Efectos del pecado mortal

El pecado mortal produce los siguientes efectos:

1.º Priva al alma de la gracia santificante, que es su vida. El pecado se llama precisamente *mortal* porque rompe la relación *vital* con Dios.

2.º Separa al pecador de Dios. El alma, cuando posee la gracia santificante, es templo de la Santísima Trinidad.

3.º Hace perder al alma todos los méritos adquiridos anteriormente, mientras vivía en gracia de Dios: los vuelve ineficaces. «Todas las obras justas hechas por él serán olvidadas...» (Ez 18,24).

4.º Impide al hombre realizar obras meritorias para el Cielo.

5.º Hace merecedor del Infierno al pecador: quien muere en pecado mortal va al Infierno por toda la eternidad.

Quien ha elegido a Dios de una vez para siempre como único y supremo Bien de la vida, puede, no obstante, hacerse culpable de un verdadero pecado mortal, si comete una acción grave y objetivamente contraria a la ley de Dios; y, en caso de muerte, merecer el Infierno. La razón de ello está en que su primera elección –la denominada *opción fundamental*–. por sincera y eficaz que sea, nunca puede ser tan radical y definitiva que impida realizar otra posterior que anule la precedente.

Mientras se vive, la posibilidad de pervertirse es correlativa a la de convertirse a Dios, si bien ésta –en la medida en que sea más profunda y decisiva– hace más difícil aquélla. Sólo con la muerte la decisión tomada durante la vida es irrevocable. La Sagrada Escritura confirma esta consideración en Ezequiel 18,21-28.

Recuperación de la gracia santificante
perdida por el pecado mortal

La gracia santificante —con todo lo que comporta— perdida por el pecado mortal, se puede recuperar de dos maneras:

1.ª Con una buena confesión sacramental.
2.ª Con un acto de contrición perfecta —dolor y propósito de enmienda—, que incluye el propósito de confesarse en cuanto sea posible.

II. El pecado venial

El pecado venial es la desobediencia de una ley divina o humana, eclesial o civil, en materia leve; o también en materia grave, si la acción pecamisosa ha sido realizada sin plena advertencia de la mente o sin perfecto consentimiento de la voluntad.

Efectos del pecado venial

El pecado venial produce los siguientes efectos:

1.º Debilita en el alma el amor de Dios. A diferencia del pecado mortal, no quita la gracia santificante, pero enfría la amistad entre el alma y Dios.
2.º Priva al hombre de muchas gracias que habría recibido de Dios si no hubiese pecado.

3.º Predispone gradualmente al pecado mortal.

4.º Hace merecedor al hombre de penas temporales, que ha de expiar en esta vida o, al morir, en el Purgatorio.

Cómo se borra el pecado venial

El pecado venial se puede borrar de muchas maneras:

- con el arrepentimiento
- con las buenas obras, aun sin confesión sacramental: oración, asistencia a la Santa Misa, recepción de la Eucaristía, limosna, obras de misericordia espirituales y corporales, etcétera.
- y, por supuesto, con la confesión sacramental, siempre que se reúnan las debidas disposiciones.

III. Especies de pecados

La división primera y fundamental es la de pecado *mortal* y pecado *venial* –según acabamos de ver–, ya que entre uno y otro se da una diferencia enorme: el primero quita al pecador la gracia santificante, mientras el segundo, en cambio, no.

Es preciso recordar que, así como hay pecados veniales más o menos leves, existen también pecados mortales más o menos graves y funestos.

He aquí las principales especies de pecados.

Pecados capitales

1. *Soberbia*: es el afecto exagerado a uno mismo y a las cosas propias, acompañado de cierto desprecio hacia los demás.

2. *Avaricia*: es el deseo desmesurado de dinero y de posesión de bienes materiales.

3. *Lujuria*: es el apetito y uso desordenados del placer sexual completo.

4. *Ira*: es un impulso desordenado a revolverse contra otro, o contra cualquier cosa que sea ocasión de padecimiento o contrariedad.

5. *Gula*: es la búsqueda excesiva del placer que se encuentra al comer o al beber.

6. *Envidia*: es un sentimiento de tristeza o de dolor por el bien de prójimo, estimado como un mal propio.

7. *Pereza*: es la consentida dejadez para cumplir el propio deber.

Pecados contra el Espíritu Santo

1. Desesperación de salvarse
2. Presunción de salvarse sin mérito
3. Impugnación de la verdad conocida
4. Envidia de la gracia de otros
5. Obstinación en el pecado
6. Impenitencia final

Pecados que claman al cielo

1. Homicidio voluntario
2. Impureza *contra natura*
3. Opresión de los pobres
4. Defraudar el salario a los empleados

37

IV. LA GRACIA DE DIOS

Noción general y división

Gracia, en general, significa *don gratuito*. Por eso, la gracia de Dios es un beneficio concedido por Él a los hombres, gratuitamente y por puro amor (cfr. CCE 1987-2029).

Hay tres especies de gracia de Dios:

I. Gracia santificante o habitual
II. Gracia sacramental
III. Gracia actual

I. La gracia santificante o habitual

Es un don sobrenatural creado, que Dios infunde en el alma en virtud de los méritos de Jesucristo.

—*Es un don creado*: un beneficio que Dios concede gratuitamente, sin mérito alguno del hombre. Conforme al proyecto de Dios, la naturaleza humana sólo tiene la capacidad de recibir ese don, no de merecerlo ni producirlo.

—*Sobrenatural*: supera todas las fuerzas de la naturaleza humana.

Por nosotros mismos, los hombres nunca seríamos capaces de merecer este don. Dios lo concede gratis, por puro amor de benevolencia.

Si Dios hubiera querido destinar al hombre a su solo fin natural, para conseguirlo no necesitaría una ayuda especial, extraordinaria, sobrenatural, sino que le serían suficientes las fuerzas naturales. Ahora bien, como Dios ha querido destinar al hombre a un fin sobrenatural, en todo superior a las fuerzas humanas, entonces al hombre le resulta absolutamente necesaria la ayuda extraordinaria y sobrenatural de Dios.

Un ejemplo. A una persona con los ojos sanos podemos exigirle que vea las cosas normales; ahora bien, si le pedimos que detecte los microbios disueltos en una gota de agua, deberemos facilitarle un microscopio. Otro ejemplo. Cabe pedir a una persona que en una hora camine cinco kilómetros; pero si se pretende que haga cien en el mismo tiempo, habrá que proporcionarle un vehículo apropiado para ello.

Dios, en suma, para elevarnos al estado sobrenatural, nos ha proporcionado un medio adecuado: la gracia santificante.

—*Infundido en el alma*: la gracia santificante es un don que invade el alma, una cualidad unida a la sustancia del alma, que la transforma y eleva a un estado nuevo.

La gracia, por su misma naturaleza, tiende a habitar permanentemente en el alma. De ahí que también se la denomine *habitual.* Sólo se pierde al cometer un pecado mortal.

La gracia se denomina *santificante* porque hace *santo* a quien la posee. Con ella llegan también al alma las virtudes teologales y cardinales infusas, así como los dones del Espíritu Santo.

–*Concedido en virtud de los méritos de Jesucristo.* Dios habría podido darnos la gracia directamente. Sin embargo, después del pecado, ha querido concederla en virtud de los méritos que Jesucristo adquirió, para todos los hombres, durante toda su vida terrena.

Esta gracia se distribuye a cada alma por medio de los sacramentos, según las disposiciones de cada uno.

Efectos de la gracia santificante o habitual

La gracia nos hace:

1. Partícipes de la naturaleza divina
2. Hijos adoptivos de Dios
3. Templo vivo de la Santísima Trinidad
4. Capaces de realizar obras meritorias para el Cielo
5. Nos da derecho a la vida eterna con Dios

1. *Nos hace partícipes de la naturaleza divina*

Con la gracia, participamos de la vida de Dios. Esto no significa ser iguales a Dios, porque Dios es uno solo, sino poseer una semejanza divina, impresa por Dios en el alma.

La gracia viene a ser como una nueva vida injertada en la vida natural, la cual no es destruida ni absorbida por la gracia. Resulta muy válida la comparación con un injerto: éste no cambia la naturaleza de la planta, sino que le comunica una vida nueva, que da frutos en las ramas superiores; en cambio, las ramas situadas más abajo del injerto producen los frutos de la vida vieja.

De modo semejante, al hombre en gracia se le llama *hombre nuevo*, hombre del espíritu, mientras que se denomina *hombre viejo*, hombre carnal, al que no posee la vida de la gracia (cfr. Jn 15, 1-2; 4-8).

2. *Nos hace hijos adoptivos de Dios*

La gracia no sólo nos vuelve justos, santos y, por ello, amigos de Dios, sino incluso nos convierte en sus hijos: adoptivos, ciertamente, no naturales, porque sólo el Verbo es Hijo natural del Padre.

Adoptar significa asumir gratuitamente como hijo a una persona extraña, que recibe también derecho a heredar. Para la adopción se requieren tres condiciones: a) asumir gratuitamente como hijo a una persona; b) esa persona debe ser ajena a la familia, es decir, antes no debe ser ya hijo del adoptante; y c) el adoptado debe ser de la misma naturaleza que el adoptante: no se puede adoptar como hijo, por ejemplo, a un caballo, ya que éste es de distinta naturaleza que el hombre e incapaz de ser sujeto de derechos.

En relación con Dios, al hombre le faltaba la identidad de naturaleza para poder ser asumido como hijo adoptivo. No obstante, Dios ha suplido el defecto creando la gracia, con la cual participamos de la misma naturaleza divina y, por eso, tenemos la posibilidad de ser adoptados por Él.

3. Nos convierte en templo vivo de la Santísima Trinidad

Concediéndonos la gracia, Dios nos ha amado tanto que ha querido, no sólo hacernos partícipes de su misma naturaleza e hijos adoptivos suyos, sino también establecer su morada en nuestra alma.

San Pablo enseña así esta verdad: «¿No sabéis que sois templo de Dios y que el Espíritu Santo habita en vosotros?» (I Cor 3,16). Y San Juan: «Si alguno me ama observará mis palabras y mi Padre lo amará; vendremos a él y haremos morada en él» (Jn 14,23).

4. Nos capacita para cumplir obras meritorias para el Cielo

El hombre en gracia de Dios tiene la posibilidad de aumentar, mediante las obras buenas, la gracia recibida del Creador. Para merecerlo es preciso:

1º– poseer la gracia santificante;
2º– vivir, ya que después de la muerte no cabe merecer más;
3º– realizar una acción
   a) moralmente buena: conforme a la ley de Dios por su objeto, intención y circunstancias;
   b) libre: realizada sin coacción alguna;
   c) sobrenatural: realizada por un motivo sobrenatural.

Con el acrecentamiento de los méritos, el hombre aumenta la gracia y la gloria celestial correspondiente.

5. Nos da derecho a la vida eterna con Dios

Si morimos en gracia de Dios, tenemos el derecho a la vida y bienaventuranza eternas.

Ya se ha dicho antes que, con la gracia, Dios nos hace hijos adoptivos suyos. El principal derecho de los hijos adoptivos es a heredar a su padre, y Dios, nuestro Padre, se nos da a sí mismo en herencia: su reino, la vida eterna, el Cielo.

Cómo se adquiere, se pierde y se recupera la gracia santificante

La gracia santificante se adquiere con el Bautismo. No obstante, el adulto no bautizado no sólo la consigue, por supuesto, al bautizarse con las debidas disposiciones, sino también con la sola intención de recibir en cuanto sea posible el Bautismo, unida al arrepentimiento –dolor perfecto y propósito de enmienda– de sus pecados mortales.

La gracia santificante se pierde por el pecado mortal.

La gracia santificante, si se ha perdido por el pecado mortal, se recupera con el sacramento de la confesión, recibido con las debidas disposiciones. Se recobra también con la sola intención de acercarse en cuanto sea posible a la confesión, si se hace un acto de contrición perfecta, que incluye el arrepentimiento –dolor y propósito de enmienda– de los pecados mortales cometidos.

Necesidad de la gracia santificante

La gracia santificante es absolutamente necesaria, en el momento de la muerte, para alcanzar el Cielo.

Además, la gracia es necesaria para poder obtener méritos en orden a la vida eterna. También las acciones más corrientes adquieren méritos para el Cielo, en virtud de la gracia.

II. La gracia sacramental

Es el conjunto de auxilios especiales –gracias actuales– que, además de la gracia santificante o su aumento, concede en el momento oportuno cada sacramento, para conseguir el fin propio para el que ha sido instituido.

III. La gracia actual

Es un auxilio sobrenatural y transitorio que Dios da para iluminar la inteligencia y fortificar la voluntad, a fin de poder cumplir el bien y evitar el mal: para realizar, en suma, actos sobrenaturales.

La gracia actual es absolutamente necesaria al hombre para obtener la justificación y la gracia santificante. Es necesaria al fiel cristiano caído en pecado mortal, para convertirse y reconquistar la gracia santificante. Y es necesaria al justo para obtener la perseverancia final en gracia y la salvación eterna.

En sentido estricto, con la oración y las buenas obras no merecemos la gracia. Sin embargo, al realizarlas nos disponemos a recibirla y de algún modo la merecemos, por cuanto Dios escucha a quien le ruega, se complace en quien hace o quiere hacer el bien, y le pide su gracia, la perseverancia y la vida eterna.

* * *

Distribución de la gracia

Dios no distribuye la gracia en la misma medida a todos los hombres, sino que a algunos da más y a otros menos, según su misterioso proyecto de amor. La distribución forma parte de los inescrutables designios divinos. Obrando así, Dios no comete injusticia contra nadie, porque puede regalar los dones conforme a su voluntad.

En cualquier caso, esto es cierto: Dios concede siempre la gracia necesaria, suficiente y muy a menudo sobreabundante, para que cada uno pueda salvarse.

Si la salvación dependiese sólo de la gracia, todos los hombres se salvarían. Pero *la salvación depende de la gracia y de la libre y generosa correspondencia de cada hombre.*

La gracia y la libertad

La gracia respeta plenamente la libertad humana, que Dios nunca violenta. Dios quiere la salvación de todos, pero exige que cada uno se salve adhiriéndose con plena libertad a su designio de salvación. De ahí que a todos proponga el camino del bien, mediante la gracia. Pero todos pueden también rechazarla y recorrer el camino del mal, que conduce a la ruina y a la perdición.

La gracia y la confesión

Todos los sacramentos producen o aumentan la gracia santificante, y cada sacramento confiere también una gracia específica o sacramental, como ya se ha dicho.

Además, el diferente grado de disposiciones personales en cada fiel cristiano comporta una medida diferente de la gracia producida por el sacramento.

El efecto principal de la confesión sacramental es la reconciliación del pecador con Dios, que remite los pecados mediante *la infusión de la gracia santificante,* que es restituida al alma o, si no se había perdido por el pecado mortal, aumentada.

Con la culpa de los pecados, la confesión perdona también la pena eterna debida por ellos. Las penas temporales, en cambio, no siempre son completamente remitidas.

Junto con la gracia santificante, restituida o aumentada, la confesión concede la gracia sacramental, que ayuda a producir verdaderos frutos de penitencia y a evitar la reincidencia en el pecado. La confesión restituye también los méritos perdidos a resultas del pecado mortal.

El sacramento de la confesión produce además, como efecto secundario, una gran paz y serenidad de la conciencia, así como un profundo consuelo espiritual.

V. LA INSTITUCIÓN
DE LA CONFESIÓN SACRAMENTAL

Jesucristo instituyó el sacramento de la Penitencia

La confesión sacramental –sacramento de la Penitencia o de la Reconciliación– fue instituida por Jesucristo, en cuanto Hijo de Dios y Redentor de todos los hombres (cfr. CCE 1441-1449).

El Verbo, obediente al Padre, asumió la naturaleza humana para redimir y salvar al género humano. Desde el primer instante de su concepción en el seno purísimo de María Santísima hasta su último aliento en el Calvario, Jesús celebró su «Misa», que ofreció al Padre para expiar los pecados de todos los hombres, anteriores, coetáneos y futuros.

Condición indispensable para que la obra redentora de Cristo resulte eficaz es que cada alma se una a ella mediante el arrepentimiento y la conversión.

Todas las gracias que Jesús adquirió durante su vida terrena se distribuyen a los hombres, conforme a las disposiciones de cada uno, a través del ministerio de la Iglesia: a través de la acción de los Apóstoles, obispos y sacerdotes, por medio de la predicación de la Palabra de Dios y de la administración de los sacramentos, especialmente del Bautismo y de la Penitencia.

El poder de la Iglesia de perdonar los pecados

1. *Sólo Dios puede perdonar los pecados* (cfr. Mc 2,7)

Jesús, el Hijo de Dios hecho hombre, dice de sí mismo: «El Hijo del hombre *tiene poder sobre la tierra de perdonar los pecados*» (Mc 2,10).

Jesús ejercita este poder divino: «Hijo, te son perdonados tus pecados» (Mc 2,5).

Jesús promete a Pedro y a todos los Apóstoles el poder de atar y desatar sobre la tierra.

Dijo a Simón: «Yo te digo que tú eres Pedro y sobre esta piedra edificaré mi Iglesia, y las puertas del infierno no prevalecerán contra ella. Te daré las llaves del Reino de los Cielos, y todo lo que ates en la tierra quedará atado en los cielos, y todo lo que desates en la tierra quedará desatado en los cielos» (Mt 16,18-19).

Y, en otra ocasión, dijo a los Apóstoles: «En verdad os digo: todo lo que atéis en la tierra será atado en el cielo y todo lo que desatéis en la tierra será desatado también en el cielo» (Mt 18,18).

2. *Jesús, en virtud de su autoridad divina, concede a los Apóstoles y a sus sucesores el poder de perdonar los pecados*, a fin de que lo ejerciten en su nombre.

48

«Jesús les dijo de nuevo: "¡La paz sea con vosotros! Como el Padre me ha enviado, así os envío yo". Luego, sopló sobre ellos y les dijo: "Recibid el Espíritu Santo: a quienes perdonéis los pecados les serán perdonados, y a quienes se los retengáis les serán retenidos"» (Jn 20,21-23).

La remisión de los pecados, que la Iglesia realiza por medio de sus sacerdotes, es igual a la de Cristo, a la de Dios y, por tanto, no el simple cubrimiento de la culpa o la mera condonación de la pena, sino *la cancelación real del pecado*.

El Concilio de Trento declaró contra los reformadores que Cristo otorgó a los Apóstoles y a sus sucesores la potestad de perdonar los pecados —también la de retenerlos—, para reconciliar con Dios a los fieles caídos en pecado después del Bautismo. El poder de perdonar los pecados, aparte de la facultad de predicar el evangelio de la remisión de los pecados —como explicaban los reformadores—, comprende también la de borrarlos real y completamente (Conc. de Trento: DS 1668, 1703).

3. La Iglesia siempre ha sido consciente de tener la potestad de perdonar los pecados cometidos después del Bautismo.

El poder de perdonar los pecados que posee la Iglesia es verdadero, universal y se ejerce en forma de juicio.

a) *Verdadero*: con la absolución de la Iglesia, los pecados quedan verdadera e inmediatamente remitidos ante Dios.

b) *Universal*: se extiende a todos los pecados sin excepción, supuestas las debidas disposiciones en el penitente.

Es oportuno clarificar aquí tres expresiones del Nuevo

Testamento, para comprobar que no se contraponen a lo que acaba de decirse[4].

—*El pecado contra el Espíritu Santo*, del que Jesús dice que no será perdonado (Mt 12,31-32). Lo comete quien se obstina en el mal y permanece sordo a la voz del Espíritu Santo, que lo llama a la conversión. Tal pecado no se perdonará, no porque Dios no lo desee, sino porque el pecador rechaza pedir perdón y todo camino de salvación.

—*El pecado de apostasía*: según la Epístola a los Hebreos (6,4-6), es imposible la penitencia a quien ha apostatado de la fe. Los exégetas y teólogos afirman que ese "imposible" tiene el sentido de imposibilidad moral o, más bien, de "dificilísimo", ya que el apóstata desprecia las gracias divinas y cae en el pecado contra el Espíritu Santo, ya explicado.

—*El pecado que "conduce a la muerte"*: para San Juan (I Jn 5,16) es el pecado de quien no tiene fe. En su Evangelio, lo explica con otras expresiones: «quien cree en mí (Cristo) tiene la vida eterna» (Jn 6,47); «quien no cree ya está condenado» (Jn 3,18). Es la infidelidad, el pecado de quien no quiere creer y, por eso, peca contra el Espíritu Santo.

c) *Se ejerce en forma de juicio*: el ejercicio del poder de perdonar los pecados es un acto judicial que, como todos ellos, contiene tres *elementos esenciales*:

—*Un juez*, como autoridad judicial: el sacerdote confesor.

---

[4] Párrafos originalmente situados en el capítulo VI y trasladados aquí en la versión castellana.

—La vista de la causa: la manifestación de los pecados en la confesión.

—La sentencia: la absolución.

El juicio está propiamente en la sentencia de absolución o, en su caso, de retención de los pecados por parte del sacerdote. Su aplicación no puede ser arbitraria, sino que ha de conformarse con la norma objetiva de la ley de Dios y con las disposiciones del penitente.

VI. APUNTES HISTÓRICOS DE LA CONFESIÓN SACRAMENTAL

En el curso de los siglos, la Iglesia ha ejercido el poder de perdonar los pecados de modos diferentes: la forma concreta del sacramento de la Penitencia ha tenido diversas variaciones. Cabe distinguir en esta evolución, más bien compleja, tres períodos históricos:

- *la penitencia antigua*, desde los orígenes de la Iglesia hasta finales del siglo VI;
- *la penitencia tarifada*, desde el siglo VII al XII;
- *la penitencia actual*, desde el siglo XII a nuestros días.

La penitencia antigua

A la penitencia practicada en los primeros siglos del cristianismo se la ha denominado también *pública, canónica, oficial* y *eclesiástica*.

El cristiano que caía en pecado grave después del Bautismo conservaba la posibilidad de hacer penitencia y obtener el perdón de la Iglesia. Los pecados veniales se perdonaban privadamente con oraciones y buenas obras.

También en los primeros siglos los cristianos cometían pecados graves. La fuente de las listas de pecados se encuentra en los libros neotestamentarios y de los Padres Apostólicos: impureza –especialmente adulterio y fornicación–, homicidio, aborto, apostasía, idolatría, magia, hurto, ebriedad, etcétera.

Sin excepción alguna, la Iglesia concedía el perdón para todos esos pecados, a la par que combatía a los herejes –Montano, Novaciano, etcétera– que lo negaban para los más graves: homicidio, adulterio y apostasía.

No existían pecados irremisibles. También a los *"lapsi"* –cristianos que durante las persecuciones habían dado culto, por miedo, a los dioses paganos– se les concedía el perdón; si bien con prudencia, por la delicada y difícil situación del momento.

El camino de la penitencia antigua era muy duro, largo y penoso. El cristiano que después del Bautismo cometía pecados graves, para reconciliarse con Dios y con la Iglesia, debía seguir el siguiente proceso.

El pecador contrito se inscribía en *la lista de los penitentes*; era *separado de la comunión* con la Iglesia y *excluido de la participación eucarística*.

Se confesaba en secreto al Obispo, que le imponía los *actos de penitencia* que debía cumplir: oraciones prolongadas, llevar el cilicio, llorar los propios pecados, ayunos, limosnas a los pobres, postrarse en tierra, vestir pobremente, encomendarse a la oración de los sacerdotes y de los fieles, etcétera.

Todos estos actos se *realizaban en público*: de ahí que esta penitencia se llame *pública*. Sin embargo, el penitente debía expresar sentimientos de arrepentimiento interior.

En un primer momento, estas prácticas penitenciales se desarrollaban *fuera del pórtico del templo*, y a continuación el penitente *podía participar en la Misa* que se celebraba en la iglesia, pero *sólo durante su primera parte: la liturgia de los catecúmenos.*

La *duración* de la penitencia pública dependía de la gravedad y cantidad de los pecados cometidos y confesados: se habla de dos, cinco, siete, diez y hasta más años.

El rito de la penitencia pública *se iniciaba con la Cuaresma.* Los penitentes que habían concluido su camino penitencial eran reconciliados solemnemente por el Obispo el Jueves o Viernes Santo, con una oración deprecativa. La fórmula indicativa —«*yo te absuelvo*»— sólo se empezará a usar hacia el año 1250.

El reconciliado recibía el perdón de sus pecados por parte de Dios, la paz de la Iglesia y podía así acceder al banquete eucarístico.

La penitencia pública no podía reiterarse, conforme al principio de que «así como hay un solo Bautismo, así también hay una sola Penitencia».

No obstante, *los reincidentes* que recaían en pecado grave después de la penitencia canónica no eran abandonados por la Iglesia: *en el momento de la muerte* les concedía la *absolución privada* y el viático. Además, cuando por alguna razón resultaba imposible practicar la penitencia pública, se podía obtener, siempre en privado y mediante el *dolor perfecto*, el perdón de los pecados graves.

El pecador, después de la reconciliación, permanecía señalado para toda la vida: no podía casarse o volverse a casar, ni vivir la vida conyugal; no podía acceder ni al estado ni a los oficios eclesiásticos, etcétera.

Siendo así las cosas, la penitencia pública era inaccesible a los jóvenes, a quienes no tenían posibilidad de satisfacer las condiciones requeridas, y a los que temían recaer. Eran excluidos también los clérigos, en razón de su estado.

De hecho, la mayoría de los fieles huía de la penitencia y se reconciliaba sólo a punto de morir. De ahí que la absolución en el primeros siglos de cristianismo se convirtiera en el sacramento de los moribundos.

Para éstos últimos existía un procedimiento penitencial extraordinario: se imponía la penitencia al enfermo grave, sin requerirle mayores exigencias, e inmediatamente se le administraba la reconciliación privada y el viático. Si el enfermo sanaba con posterioridad, debía seguir la vía penitencial común y, al final, recibir la reconciliación solemne.

Aparte de la penitencia oficial, para alcanzar el perdón de los pecados graves cometidos después del Bautismo, el pecador tenía a su disposición otros dos medios: la profesión monacal y hacerse *converso*.

Los *conversos* podían seguir con sus ocupaciones laborales en el mundo, pero lo esencial era que llevasen una vida mortificada y viviesen la castidad perfecta. Cabe asimilarlos a las posteriores terceras órdenes religiosas.

Abrazar la vida monacal y hacerse *converso* significaba recibir un *segundo Bautismo*.

La penitencia tarifada

Esta penitencia tuvo su origen en los monasterios de Irlanda, Inglaterra y Escocia, hacia finales del siglo VI. Se denomina *tarifada* porque consistía en la tasación precisa de las culpas: para cada pecado había establecida una penitencia bien determinada.

Las tarifas penitenciales, más o menos severas, eran las siguientes: mortificaciones corporales, vigilias prolongadas, rezo de oraciones –especialmente los salmos–, ayuno de varios días e incluso de algún año, limosnas para la Iglesia o para los pobres, peregrinaciones a la tumba de algún santo, etcétera.

Existían también las equivalencias penitenciales: ciertas penitencias podían conmutarse por dinero o por la celebración de Misas.

Las tarifas penitenciales venían registrados en libros llamados *penitenciales*, y variaban según cada uno de éstos. Los más célebres son: Penitencial de Viniano (s.VI), de San Columbano (+615), de Conmeano (s.VII), de Teodoro (690-740) y de San Beda el Venerable (+735).

En el siglo VIII, los misioneros –sobre todo San Columbano y sus discípulos– llevan al continente europeo, desde las islas británicas, los libros y su aneja praxis penitencial.

La penitencia tarifada se desarrolla normalmente de este modo: el penitente acude al sacerdote cada vez que ha pecado y se confiesa detalladamente, o bien el confesor interroga al penitente siguiendo los penitenciales que tiene en sus manos, y le impone las penitencias establecidas, que aumentan según el número y gravedad de los pecados cometidos. El penitente se retira, cumple las penitencias que se le han impuesto y vuelve una segunda vez al confesor para recibir la absolución.

No obstante, cuando el pecador está enfermo o –según algunos penitenciales– cuando es tan rudo e ignorante que no comprende las cosas, o también cuando el camino es demasiado largo o el tiempo estacional extremado, el confesor recita las oraciones de la absolución inmediatamente después de escuchar la confesión.

En el período carolingio, hacia el año 800, se usa una praxis intermedia: por un grave pecado público, que ha producido escándalo, se impone penitencia pública según el modo antiguo; por un pecado grave oculto, penitencia secreta, siguiendo el sistema nuevo.

A la penitencia tarifada podían recurrir tanto laicos como clérigos. Su praxis fue poco a poco difundiéndose por toda la Iglesia occidental y acabó por sustituir a la penitencia antigua.

La penitencia actual

La penitencia antigua, como se ha visto, era difícil de practicar y pocos eran los que la utilizaban. De ahí que rápidamente se difundiera la penitencia tarifada-privada, a la que cualquiera, también si era clérigo, podía acurdir tantas veces como hubiese pecado.

En el sistema tarifado, confesarse o acusarse de las culpas era un medio que permitía la tasación; pero sólo un medio, ya que lo esencial era la expiación. De este modo de pensar se pasó lentamente a considerar que la confesión o acusación de las culpas es por sí mismo un acto de expiación, por cuanto representa una vergüenza, un acto de humillación.

El proceso penitencial experimenta con ello un nuevo cambio: con la confesión y la aceptación de la penitencia impuesta, la expiación de los pecados es ya completa, al menos en parte, por lo que no hay más motivos para dilatar el perdón y la absolución. Los demás actos penitenciales mandados por el confesor pueden realizarse en un momento posterior.

Usando este proceso penitencial, la confesión no sólo se permite una sola vez en la vida, sino incluso se aconseja realizarla dos o tres veces al año –en Navidad, Pascua y Pentecostés–, y también más a menudo. En 1215, el Concilio de Letrán IV establece la siguiente norma: «Todo fiel de uno u otro sexo, llegado al uso de razón, confiese fielmente sus pecados al sacerdote *al menos una vez al año*, y procure cumplir la penitencia que le sea impuesta» (DS 812).

Proliferan a partir de entonces los libros denominados *"Summae casuum"* o *"Summae confesorum"* ("Sumas de casos", o "de confesores"): manuales breves, teóricos y prácticos, destinados a los sacerdotes, que contienen soluciones de casos de conciencia y directivas ascéticas. La primera de estas Sumas es de San Raimundo de Peñafort (1185-1275).

Célebres teólogos se dedicaron en este período a estudiar la penitencia. Sus conclusiones sirvieron para las definiciones dogmáticas que en el siglo XVI formuló el Concilio de Trento (DS 1567-1692 y 1701-1715).

Las normas para la confesión sacramental fijadas en Trento son las que se usan actualmente. En 1973, conforme al mandato recibido del Concilio Vaticano II, la Sagrada Congregación para el Culto Divino publicó un nuevo *"Ordo Paenitentiae"*, a fin de facilitar a los fieles la comprensión de la naturaleza y de la eficacia de la confesión sacramental. Las innovaciones que aporta –ver capítulo siguiente– se atienen a la doctrina enseñada por el Concilio de Trento.

* * *

Al repasar las diferentes etapas de la evolución del sacramento de la Penitencia en el curso de los siglos, acaso nos haya invadido cierta perplejidad: ¿cómo es posible que la Iglesia en los primeros tiempos fuese tan severa para perdonar los pecados cometidos después del Bautismo? ¿Por qué después modificó la praxis y adoptó una actitud más indulgente?

La explicación es compleja. Entran en ella cuestiones como la fidelidad de la Iglesia a Cristo, el desarrollo de los tiempos y la progresiva profundización dogmática, que encuentran su fundamento y su razón de ser en estas palabras de Jesús: «el Consolador, el Espíritu Santo que el Padre os enviará en mi nombre, os enseñará y recordará todo lo que os he dicho» (Jn 14,26).

VII. LA CELEBRACIÓN DE LA CONFESIÓN SACRAMENTAL

El *"Ordo Paenitentiae"*, de 2 de diciembre de 1973, prevé tres ritos para la administración del sacramento de la Penitencia:
- Rito para reconciliar a un solo penitente
- Rito para reconciliar a varios penitentes, con confesión y absolución individuales
- Rito para reconciliar a varios penitentes, con confesión y absolución generales, conforme a los cánones 961-963 del Código de Derecho Canónico.

Rito para la reconciliación de un solo penitente

«*La confesión individual e íntrega y la absolución* constituyen el único modo ordinario con el que un fiel consciente de que está en pecado grave se reconcilia con Dios y con la Iglesia; sólo la imposibilidad física o moral excusa de esa confesión, en cuyo caso la reconciliación se puede tener también por otros medios» (CIC 960).

1. «*El lugar propio* para oír confesiones es una iglesia u oratorio» (CIC 964 § 1).

2. *La sede para oír confesiones* es el confesonario, con o sin rejilla. En cualquier caso, deben existir «siempre en lugar patente confesonarios provistos de rejilla entre el penitente y el confesor, que puedan utilizar libremente los fieles que así lo deseen» (CIC 964 § 2).

Por justa causa, las confesiones se pueden oír fuera del confesonario (cfr. CIC 964 § 3), siempre que sea en lugares adecuados y dignos para un sacramento.

3. *El tiempo para la confesión sacramental* es libre: puede hacerse cualquier día y a toda hora. Sin embargo, conviene que los fieles conozcan los tiempos en que el sacerdote se sienta habitualmente en el confesonario.

Parece oportuno que los fieles se confiesen, a ser posible, fuera del momento de la celebración de la Santa Misa.

Es aconsejable confesarse una vez al mes, e incluso con mayor frecuencia, aunque sólo sea de pecados veniales y faltas: quien valora la grandeza de la confesión, entiende que la Iglesia así lo recomiende.

No obstante, en caso de cometer un pecado grave, hay que arrepentirse enseguida y confesarse cuanto antes, pues resulta obvio que lo esencial es que la gracia de Dios vivifique el alma, y no excusarse en el breve plazo de tiempo transcurrido desde la anterior confesión.

Es bueno acercarse al sacramento de la Penitencia con

ocasión de las fiestas más solemnes del año litúrgico, especialmente en Adviento, Cuaresma y Pascua.

En cualquier caso, la disciplina mínima establecida por la Iglesia es ésta: «todo fiel que haya llegado al uso de razón, está obligado a confesar fielmente sus pecados graves al menos una vez al año» (CIC 989).

4. *La vestidura litúrgica para el sacerdote* que confiesa en lugar sagrado es la estola de color morado.

5. *El rito de la confesión sacramental se inicia* con un saludo cristiano. En España lo más habitual es decir: —«Ave María Purísima»; a lo que se responde: —«Sin pecado concebida»[5]. A continuación, el sacerdote puede dirigir al penitente estas palabras (u otras semejantes): «El Señor esté en tu corazón, para que te puedas arrepentir y confesar humildemente tus pecados».

El penitente, tras manifestar el tiempo transcurrido desde su última confesión, se acusa de los pecados cometidos. Si parece conveniente, el sacerdote le pregunta con claridad y delicadeza por otros posibles pecados de los que no se haya acusado, con el fin de lograr la integridad de la confesión.

Acabada la acusación, el confesor exhorta al penitente —breve o largamente, según la necesidad— con consejos idóneos y en relación con los pecados confesados, que le muevan a la contrición, a proponerse mejorar su vida cristiana y a prepararse para recibir el perdón del Señor.

---

[5] Señalamos sin más que, cuando esta respuesta la da el penitente, con gran frecuencia se oye decir este sinsentido conceptual y gramatical: «sin pecado *concebido*».

Luego le impone la penitencia —leve para los pecados veniales, grave para los mortales— y, una vez aceptada, le invita a manifestar su arrepentimiento con un "acto de contrición". Para ello, el penitente puede usar cualquier fórmula que exprese su dolor por los pecados cometidos; por ejemplo el *Señor mío Jesucristo*[6], o esta frase penitencial de San Pedro, tomada del Evangelio: «Señor, Tú lo sabes todo, Tú sabes que te amo» (Jn 21,17).

En seguida, el sacerdote pronuncia la absolución: «Dios, Padre misericordioso, que reconcilió consigo al mundo por la Muerte y Resurrección de su Hijo y derramó el Espíritu Santo para la remisión de los pecados, te conceda, por el ministerio de la Iglesia, el perdón y la paz. *Y yo te absuelvo de tus pecados en el nombre del Padre, y del Hijo + y del Espíritu Santo*».

R. «*Amén*».

El sacerdote, conforme al *"Ordo Paenitentiae"*, puede añadir todavía: «La Pasión de Nuestro Señor Jesucristo, la intercesión de la Bienaventurada Virgen María y de todos los Santos, el bien que hagas y el mal que puedas sufrir, te sirvan como remedio de los pecados, aumento de gracia y premio de vida eterna. Vete en paz»[7].

Si omite esta última oración, el confesor usa la frase «vete en paz» u otra apropiada como fórmula de despedida.

---

[6] Es bastante común en España confundir el "acto de contrición" —de formulación muy variada— con esta oración, que dice: «*Señor mío Jesucristo, Dios y hombre verdadero, Creador, Padre y Redentor mío, por ser Vos quien sois, y porque os amo sobre todas las cosas, me pesa de todo corazón haberos ofendido. También me pesa porque podéis castigarme con las penas del infierno. Ayudado de vuestra divina gracia, propongo firmemente nunca más pecar, confesarme y cumplir la penitencia que me fuera impuesta. Amén*».

[7] Párrafo incorporado en la edición española.

6. *Rito breve. Si una necesidad pastoral lo requiere,* el sacerdote puede omitir o abreviar algunas partes del rito, siempre que se conserven íntegras: la confesión de los pecados y la aceptación de la penitencia, el acto de contrición y la fórmula de la absolución y despedida.

7. *Absolución de una censura.* La censura es una pena canónica que recae sobre quien realiza acciones especialmente graves y determinadas por el derecho, y le privan de bienes espirituales. Va aneja, pues, al pecado cometido. Volveremos sobre ella en el capítulo XIII[8].

Cuando un sacerdote tiene potestad, conforme al derecho, para levantar una censura en el sacramento de la Penitencia, basta para ello que tenga intención de absolver también de esos pecados reservados al penitente bien dispuesto.

En el caso de que remita la sola censura fuera de la confesión sacramental, usa esta fórmula: «En virtud del poder que se me ha concedido, yo te absuelvo del vínculo de excomunión (o de suspensión, o de interdicto) en el nombre del Padre, y del Hijo + y del Espíritu Santo». −R. «Amén».

8. *Dispensa de una irregularidad.* Las irregularidades son un tipo de impedimento. Se caracterizan por ser supuestos de hecho que afectan *a perpetuidad* a una persona y le vetan la recepción o el ejercicio de las órdenes sagradas. Cuando un impedimento no es perpetuo se le denomina "simple impedimento". Volveremos también sobre esto en el capítulo XIII[9].

El sacerdote jurídicamente competente para hacerlo,

---

[8] Párrafo añadido en la versión española.
[9] Párrafo añadido en la versión española.

puede dispensar de una irregularidad, tanto después de impartir la absolución sacramental como fuera de la confesión, con esta fórmula: «En virtud de la potestad que se me ha concedido, yo te dispenso de la irregularidad en la que has incurrido. En el nombre del Padre, y del Hijo + y del Espíritu Santo». –R. «Amén».

Rito para reconciliar a varios penitentes, con confesión y absolución individuales

Cuando se reúnen muchos penitentes para la confesión sacramental, conviene que se preparen juntos mediante una ceremonia que sigue este proceso.

1. *Ritos iniciales.* Se comienza con un canto de entrada apropiado. Luego, el sacerdote saluda a los fieles, pronuncia una breve introducción con indicaciones prácticas y recita una oración.

2. *Lectura de la Palabra de Dios.* Se proclamarán dos o tres lecturas, intercalando entre ellas un salmo, un canto o una pausa de silencio. En caso de elegir una sola lectura, conviene que sea del Evangelio.

Es lógico escoger lecturas que traten de la conversión, de la reconciliación y del juicio de Dios sobre el bien y el mal que obran los hombres. Esos temas servirán para que los fieles se preparen para el examen de conciencia.

3. *La homilía.* Debe llevar a los fieles al examen de conciencia y al arrepentimiento, poniendo de relieve la infi-

nita misericordia de Dios, la necesidad de la penitencia interior, el aspecto social de la gracia y del pecado, y el empeño personal por satisfacer por los pecados y por mejorar la vida cristiana.

4. *Examen de conciencia.* Acabada la homilía, conviene guardar un rato de silencio, para que cada uno haga su examen de conciencia. También pueden intercalarse breves frases que sugieran a los fieles puntos de indagación de sus pecados, teniendo siempre en cuenta la edad y demás condiciones de los presentes.

5. *Confesión general de los pecados.* A invitación del sacerdote, todos juntos recitan el *Yo confieso* y *Señor, ten piedad; Cristo, ten piedad,* seguidos del *Padrenuestro.*

6. *Confesión y absolución individuales.* Los sacerdotes, presentes en el presbiterio, se distribuyen entonces en diversos lugares del templo, para escuchar la confesión de cada fiel, darle las exhortaciones oportunas, imponerle la penitencia y, tras ser ésta aceptada, impartirle la absolución.

7. *Acción de gracias y rito de conclusión.* Terminadas las confesiones, los sacerdotes vuelven al presbiterio. Quien preside la ceremonia invita a todos a dar gracias a Dios con un salmo, un himno o una oración y, después, recita una oración en honor y alabanza del Señor. Luego bendice a los presentes y despide la asamblea con este saludo: «El Señor os ha perdonado. Podéis ir en paz». –R. «Demos gracias a Dios».

Rito para reconciliar a varios penitentes, con confesión y absolución generales

En circunstancias especiales, a veces es lícito e incluso necesario impartir la absolución de manera colectiva a un grupo de penitentes, sin previa confesión individual. Esto sólo puede hacerse en casos determinados y de acuerdo con las precisas indicaciones del Código de Derecho Canónico (cfr. CIC 961-963). En concreto:

1.º *Cuando «amenace un peligro de muerte* y el sacerdote o los sacerdotes no tengan tiempo para oír la confesión de cada penitente» (CIC 961 § 1,1º).

2.º *Cuando haya una necesidad grave,* en la que concurran simultáneamente estas circunstancias (cfr. CIC 961 § 1,2º):

a) número elevado de penitentes;
b) escasez de sacerdotes para oír debidamente la confesión de cada uno en un tiempo razonable;
c) los penitentes, sin culpa por su parte, se verían privados durante notable tiempo −un año al menos (cfr. CIC 920 § 1)− de la gracia sacramental o de la sagrada comunión.

El Código de Derecho Canónico señala todavía: «la necesidad no se considera suficiente cuando no se puede disponer de confesores a causa sólo de una gran concurrencia de penitentes, como puede suceder en una gran fiesta o peregrinación» (CIC 961 § 1,2º). La razón estriba en que, de ordinario, estos fieles pueden acercarse a la confesión en un tiempo relativamente breve; esto es, mucho antes de un año.

Muy difícilmente, pues, pueden darse juntas todas las circunstancias referidas, salvo en tierras de misión, donde el sacerdote visita en contadas ocasiones a los fieles y escasean los medios de comunicación para acudir a confesarse.

3. *Juicio reservado al Obispo.* Con la lógica excepción del caso de peligro de muerte inminente, corresponde en exclusiva al Obispo diocesano juzgar —teniendo en cuenta los criterios acordados por la Conferencia Episcopal— si concurren las condiciones de grave necesidad que impelan a usar el rito para reconciliar a varios penitentes sin confesión y absolución individuales.

En España, según declaró el 18 de noviembre de 1988 la Conferencia Episcopal y ha recordado una vez más en 1999, «*no existen casos generales y previsibles en los que se den los elementos que constituyen la situación de necesidad grave en la que se puede recurrir a la absolución general (CIC 961 § 1,2º)*» (cfr. «La Eucaristía, alimento del pueblo peregrino», 4-III-1999, nº 64)[10].

4. *Rito de la absolución general.* Certificada la existencia de las circunstancias requeridas para dar la absolución general, el rito se desarrolla como el de la reconciliación de varios penitentes con confesión y absolución individuales, salvo las siguientes variantes.

En el curso de la homilía o a su término, el sacerdote

---

[10] Párrafo añadido, lógicamente, en la versión española.

exhorta a los fieles que van a recibir la absolución general a disponerse debidamente y a hacer un acto de contrición. Cada uno, junto al arrepentimiento de los pecados cometidos, no sólo ha de formular propósitos de enmienda y de reparar los escándalos y daños que haya podido provocar, sino también de acusarse —en la primera confesión individual que haga— de cada uno de los pecados que ahora no puede confesar de ese modo (cfr. CIC 962).

«Aquel a quien se le perdonan pecados graves con una absolución general, debe acercarse a la confesión individual lo antes posible, en cuanto tenga ocasión, antes de recibir otra absolución general, de no interponerse justa causa» (CIC 963).

5. *Confesión y absolución general.* El sacerdote invita a los fieles a hacer una señal de penitencia y a recitar el *Yo confieso*, seguido de una oración o de un canto apropiado y del *Padrenuestro*.

Luego, el sacerdote imparte la absolución general a los penitentes con esta fórmula: «Dios, Padre misericordioso, que reconcilió consigo al mundo por la Muerte y Resurrección de su Hijo y derramó el Espíritu Santo para la remisión de los pecados, os conceda, por el ministerio de la Iglesia, el perdón y la paz.

Y yo os absuelvo de vuestros pecados en el nombre del Padre, y del Hijo + y del Espíritu Santo». –R. «Amén».

A continuación, el sacerdote invita a los presentes a dar gracias a Dios por su misericordia y, tras un canto adecuado, sin más bendice al pueblo y lo despide con el saludo: «El Señor os ha perdonado. Podéis ir en paz». –R. «Demos gracias a Dios».

6. *Rito abreviado.* En caso de grave y urgente necesidad, el rito previsto puede reducirse a una breve lectura bíblica, las advertencias sobre las debidas disposiciones, la imposición de la penitencia y el rezo del *Yo confieso,* justo antes de que el sacerdote imparta la absolución general del modo indicado.

En caso de peligro de muerte inminente, tanto si es uno solo como si son varios los fieles presentes, basta que el sacerdote exhorte brevísimamente a la contrición y pronuncie las palabras esenciales de la absolución: «*Yo te (os) absuelvo de tus (vuestros) pecados en el nombre del Padre, y del Hijo + y del Espíritu Santo*». –R. «Amén».

VIII. PARA HACER UNA BUENA CONFESIÓN

Para hacer una buena confesión sacramental se requieren estos cinco actos:

1.º Examen de conciencia
2.º Dolor de los pecados
3.º Propósito de enmienda
4.º Acusarse de los pecados ante el confesor
5.º Cumplir la penitencia

Preparación de la confesión

Comience el penitente con una oración. Por ejemplo: «Ilumina mi mente, Señor, para que pueda conocer el número y la gravedad de mis pecados. Dame la gracia de detestarlos para obtener de Ti misericordia y perdón».

Puede ser oportuna una breve meditación de algún texto

del Evangelio. Por ejemplo: la puerta angosta (Lc 13,22-30); la parábola de la oveja descarriada (Lc 15,1-7); del dracma perdido (Lc 15,9-10); del hijo pródigo (Lc 15,11-32); del administrador infiel (Mt 18,21-35); del banquete nuncial (Mt 22,1-14) o el pasaje del buen ladrón (Lc 23,39-43).

Examen de conciencia

El examen de conciencia consiste en la diligente indagación de los propios pecados. Se trata de recordar las culpas cometidas: individuar los pecados mortales, si los hay, y luego los veniales.

El examen deberá hacerse desde la última confesión bien hecha, trayendo a la mente los pecados cometidos de pensamiento, palabra, obra y omisión contra:

- los diez mandamientos de la Ley de Dios
- el mandamiento del amor al prójimo
- los mandamientos de la Iglesia
- los siete pecados capitales
- los deberes del propio estado.

Al final del libro, en Apéndice, se proponen una serie de preguntas[11] para facilitar el examen de conciencia.

---

[11] El original italiano las formula a continuación.

El dolor de los pecados

Después de hacer el examen de conciencia, pide al Señor la gracia de sentir un vivo y profundo dolor de todos los pecados cometidos; especialmente de los mortales, que han ofendido a Dios –tu gran benefactor–, te han privado de la gracia santificante y te han hecho perder el Cielo y merecer el Infierno.

El dolor es la detestación de los pecados cometidos, con el propósito de no volver a cometerlos.

El acto de dolor se compone de tres momentos:

- voluntad contraria a la mala acción realizada
- voluntad que detesta esa acción
- voluntad de no cometerla nunca más en el futuro.

Como puede apreciarse, el verdadero acto de dolor incluye también el propósito de enmienda, del que se tratará enseguida.

No es necesario *sentir* el dolor de los pecados: basta que exista en la voluntad.

El dolor debe ser:

- *Interior:* en la inteligencia y en la voluntad.
- *Sobrenatural:* basado en motivos sobrenaturales, radicado en la fe.
- *Universal:* de todos los pecados mortales cometidos.

Quien confiesa sólo pecados veniales debe tener dolor al menos de uno de ellos, para que el sacramento no sea inválido y se convierta por ello en sacrilegio, al fartarle uno de los elementos que constituyen la quasi-materia del sacramento.

El dolor puede ser:

1.º *Perfecto*, o *de contrición*, que es la detestación de los pecados cometidos por haber ofendido a Dios, Nuestro Padre, que es infinitamente bueno y digno de ser amado sobre todas las cosas.

La contrición perfecta, unida a la voluntad de confesarse, justifica al pecador —le concede la gracia santificante y, si muere, se salva— antes de que efectivamente acuda a la confesión sacramental. Se mantiene firme, sin embargo, el deber de declarar al confesor los pecados mortales cometidos. Vale la pena meditar estas palabras de Jesús: «le son perdonados sus muchos pecados, porque ha amado mucho» (Lc 7,47).

2.º *Imperfecto*, o *de atrición*, que es la detestación de los pecados cometidos por miedo a las penas del Infierno.

La atrición es suficiente para la remisión de los pecados en el sacramento de la Penitencia.

El dolor perfecto o imperfecto debe ser actual, virtual o al menos habitual en el momento de recibir del sacerdote la absolución sacramental de los pecados.

El propósito de enmienda

Pide al Señor que te conceda la fuerza de nunca más pecar —mortalmente, si es el caso—, y decide firmemente evitar también las ocasiones próximas de pecado, que llevan a cometerlos.

El propósito de enmienda es la firme voluntad de no recaer nunca más en ninguno de los pecados cometidos, especialmente si son mortales.

El propósito debe ser, a la vez, firme, eficaz y universal:

- *Firme*: con la sincera voluntad de no volver a pecar, a pesar de las dificultades.
- *Eficaz*: el penitente ha de empeñarse, además, en poner los medios necesarios para evitar recaer en el pecado y las ocasiones próximas de pecado.
- *Universal*: ha de extenderse a todos y cada uno de los pecados mortales cometidos. Es suficiente que el propósito se haga en forma genérica: no pecar más mortalmente.

En los pecados contra los bienes o la fama del prójimo, el propósito de enmienda ha de incluir necesariamente la voluntad eficaz de restituir lo robado, defraudado o dañado. De no ser así, el pecado no podrá perdonarse en la confesión. O en caso de que la restitución se demore sin razón, se cometerá con esto un nuevo pecado equivalente al anterior[12].

Quien se confiesa sólo de pecados veniales debe tener el dolor y el propósito al menos de uno. Para que el sacramento sea válido basta tener dolor y propósito de cualquier pecado ya confesado en la vida pasada.

Por lo que respecta al propósito, es preciso no confundir un acto de la inteligencia con el de la voluntad.

---

[12] Párrafo incorporado en la versión castellana.

El propósito se obtiene con un acto de la voluntad: cuando éste existe, cabe decir con tranquilidad que hay también dolor, aunque la inteligencia prevea que en el futuro se recaerá todavía en el pecado.

Después de meditar sobre el dolor y el propósito de los pecados cometidos e individuados en el examen de conciencia, reza lenta y devotamente un acto de contrición y acércate al sacerdote para acusarte de los pecados.

Confesión sincera de los pecados

En el próximo capítulo se explica más detenidamente esta cuestión. Pero, al hilo de los epígrafes precedentes, vayan aquí unos breves trazos.

Acércate con fe y confianza al confesor, que en este momento representa a Jesucristo, y manifiéstale con sinceridad todos los pecados que has cometido.

Recuerda que el confesor jamás revelará a nadie nada de lo que te acuses, porque está bajo el *sigilo sacramental* (cfr. CIC 983-984).

Si temes olvidarte de algún pecado o no sabes cómo expresarte, pide al sacerdote que te pregunte y te ayude.

No te inquietes si, a pesar de todo, dejas *involuntariamente* de confesar un pecado mortal y caes en la cuenta de ello después de recibir la absolución, pues ésta será plenamente válida, aunque deberás declarar el pecado olvidado en la siguiente confesión, indicando lo ocurrido.

Por el contrario, si alguien *calla a sabiendas un pecado mortal en la confesión, no se le perdonan ni siquiera los pecados que haya declarado y comete, además, un sacrilegio.* De todo ello sólo podrá ser absuelto si se acusa íntegramente en una confesión posterior[13].

Después de confesarte de tus pecados, escucha los consejos que te dé el sacerdote y proponte ponerlos en práctica.

Intenta entender bien la penitencia que te imponga y acéptala. Manifiesta luego tu contrición por los pecados, más con sentimientos que con palabras –aunque también con éstas–, y recibe devotamente la absolución que te imparte el confesor.

La satisfacción o penitencia sacramental

1. *La satisfacción sacramental* es la penitencia impuesta por el sacerdote al penitente, para expiar las penas temporales remanentes después de la remisión de la culpa y de la pena eterna merecida por quien ha cometido pecados mortales.

La voluntad de aceptar y de cumplir la satisfacción es uno de los actos del penitente, que constituye un elemento esencial de la confesión: forma parte de la quasi-materia del sacramento y se incluye en la debida contrición o atrición.

El efectivo cumplimiento de la satisfacción aceptada es sólo parte integrante –no esencial– de la Penitencia; por eso, si se omite, el sacramento permanece válido, aunque incompleto.

Junto a las culpas y la pena eterna, Dios no siempre remite

---

[13] Párrafo añadido en la edición española.

77

todas las penas temporales. Este es precisamente el sentido de la satisfacción. Sólo Dios conoce la "cantidad" de las penas temporales que han de expiarse y en qué "porcentaje" son remitidas por la satisfacción.

2. *El confesor tiene el derecho y el grave deber de imponer una penitencia* (cfr. CIC 981).

La satisfacción sacramental debe ser proporcionada a la calidad y cantidad de los pecados, teniendo en cuenta también la capacidad del penitente. Para los pecados graves conviene imponer una penitencia grave.

Se consideran graves penitencias tales como: escuchar la Santa Misa, rezar el Santo Rosario, diez Padrenuestros, diez Avemarías y diez Glorias, guardar ayuno, dar limosna, encargar la celebración de una Misa, perdir perdón a quien se ha ofendido, cumplir alguna obra de misericordia espiritual o corporal, y otras semejantes.

3. *El confesor ha de procurar imponer una penitencia razonable,* no compleja, sino sencilla y asequible, conforme a la preparación espiritual y cultural del penitente. Todo ello para evitar el peligro de que el penitente la descuide o se enfade.

Cuando el penitente es absolutamente incapaz de cumplir una penitencia no es necesario imponerla.

Es mejor imponer la penitencia antes de impartir la absolución.

4. *La satisfacción, en cuanto parte del sacramento de la Penitencia, produce por sí misma («ex opere operato») la remisión de las penas temporales.*

La extensión de las penas remitidas *depende* de la penitencia impuesta y de las disposiciones del penitente, siempre contando con el estado de gracia en su alma.

También las penitencias extrasacramentales, realizadas por propia iniciativa, pueden remitir las penas temporales. Por ejemplo: el cumplimiento de alguna obra de misericordia, recitar oraciones, asistir a Misa, recibir la Comunión, rezar el Rosario, ayunos, limosnas, etcétera.

5. *La penitencia puede ser conmutada, por un motivo razonable, por el mismo confesor que la impuso,* también fuera de la confesión, o por cualquier otro sacerdote, con tal de que tenga cierto conocimiento del estado de ánimo del penitente (cfr. Concilio de Trento: DS 1689-1693, 1712-1715).

Acción de gracias después de la confesión

Al acabar la confesión, conviene cumplir cuanto antes la satisfacción impuesta.

Es muy recomendable que el penitente dedique a Jesucristo un pensamiento de profunda, humilde y devota gratitud, por haberle otorgado el perdón de los pecados. Bueno es también que renueve el propósito de llevar una vida cristiana más santa, auténtica y fervorosa, así como —en su caso— el de restituir cuanto antes al prójimo los bienes materiales o de honra injustamente detraídos.

IX. LA ACUSACIÓN DE LOS PECADOS EN LA CONFESIÓN SACRAMENTAL

Noción

Acusarse de los pecados en la confesión sacramental consiste en declarar al confesor, con dolor y propósito de enmienda, los propios pecados cometidos después del Bautismo, para obtener la absolución y el perdón de Dios (cfr. CCE 1455-1458).

1. *La acusación de los pecados es uno de los actos del penitente.* Forma parte de la quasi-materia del sacramento, que comprende: el dolor, el propósito de enmienda, la acusación de los pecados y la voluntad de aceptar —y cumplir después— la penitencia (satisfacción) impuesta por el confesor.

Estos actos deben darse simultáneamente cuando se realiza la acusación y en el momento de recibir la absolución (cfr. CCE 1448).

2. *Por disposición divina, deben confesarse todos los peca-dos mortales según su especie, el número y las circunstancias que mudan la especie* (cfr. Conc. de Trento: DS 1707).

El Código de Derecho Canónico dice: «El fiel está obli-gado a confesar según su especie y número todos los peca-dos graves cometidos después del Bautismo y aún no perdo-nados directamente por la potestad de las llaves de la Iglesia ni acusados en confesión individual, de los cuales tenga con-ciencia después de un examen diligente» (CIC 988 § 1).

3. «*Todo fiel* que haya llegado al uso de razón –siete años cumplidos: cfr. CIC 97 § 2–, *está obligado a confesar fiel-mente sus pecados graves al menos una vez al año*» (CIC 989).

Todo fiel tiene derecho a elegir el confesor que prefiera, con tal de que esté legítimamente aprobado por la Iglesia (cfr. CIC 991).

Confesarse una vez al año es una estricta obligación, pero es aconsejable hacerlo más a menudo: una vez al mes, o con mayor frecuencia aún. Sin embargo, si se han come-tido pecados graves, es conveniente arrepentirse enseguida y, cuanto antes, reconciliarse con Dios y con la Iglesia me-diante el sacramento de la Penitencia.

El canon 276 exhorta vivamente a los clérigos a buscar la santidad y les sugiere, entre otros, un medio muy eficaz de alcanzarla: recibir «frecuentemente el sacramento de la Penitencia» (CIC 276 § 2,n.5). Lo que se dice a los cléri-gos vale también para los fieles, ya que todos estamos lla-mados a la santidad.

4. *La confesión sólo de pecados veniales,* ausentes los mor-tales, no es estrictamente necesaria, ya que pueden ex-

piarse con oraciones, obras de caridad, actos de penitencia, etcétera. Sin embargo, es *vivamente recomendada* por la Iglesia (cfr. CIC 988 § 2).

Tal confesión no sólo es lícita y útil, sino imprescindible para mejorar la vida cristiana y avanzar por el camino de la santidad. El Catecismo de la Iglesia Católica pormenoriza: «La confesión habitual de los pecados veniales ayuda a formar la conciencia, a luchar contra la malas inclinaciones, a dejarse curar por Cristo, a progresar en la vida del Espíritu. Cuando se recibe con frecuencia, mediante este sacramento, el don de la misericordia del Padre, el creyente se ve impulsado a ser él también misericordioso» (CCE 1458).

No es necesario confesar todos los pecados veniales, pero es preciso tener dolor y propósito de enmienda de los que uno se acusa.

5. *Los pecados —mortales y veniales— ya perdonados* en el sacramento de la Penitencia con absolución individual pueden ser también *objeto suficiente de una nueva confesión*, con tal de que se renueve el dolor por ellos (cfr. Benedicto XV: DS 880).

Características de la acusación

La acusación de los pecados debe ser: *sincera, secreta, oral e íntegra.*

1. *Sincera*: deben declararse al confesor las culpas tal como están en ese momento en la conciencia, después de un examen diligente.

El penitente no debe mentir ni ocultar pecado mortal

alguno, sea por vergüenza o por otro motivo, pues en tal caso cometería otro pecado mortal de sacrilegio, haría inválido el sacramento y no se le perdonarían ni los pecados de que se hubiese acusado.

Conviene recordar de nuevo que el sacerdote no puede hablar con nadie y por ninguna razón de los pecados oídos en confesión, porque está vinculado por el denominado *sigilo sacramental* (cfr. CIC 983 § 1 y 1388 § 1).

2. *Secreta*: la acusación debe hacerse al confesor solo, sin que nadie más la escuche.

3. *Oral*: por medio de palabras. La sustancia de la confesión requiere que los pecados sean suficientemente declarados al confesor, de cualquier modo y, por tanto, también por signos o por escrito. No obstante, en caso de imposibilidad de acusarse oralmente, nadie está obligado a usar la escritura u otro medio extraordinario.

4. *Íntegra*: deben manifestarse al confesor todos los pecados mortales cometidos después del Bautismo y todavía no directamente perdonados en el sacramento de la Penitencia mediante una absolución individual.

El penitente debe confesar todos los pecados mortales ciertamente cometidos.

a) *Según la especie*, por ejemplo: robo, homicidio, blasfemia, impureza, etcétera.

b) *Según el número*: es preciso confesar cuántas veces se ha cometido cada pecado. Quien no recuerda el número exacto, debe manifestar uno aproximado, indicando más o menos, por ejemplo, cuántas veces a la semana o al mes.

c) *Según las circunstancias que mudan la especie de pecado, en materia grave*, porque hacen que la acción pecaminosa contenga mayor malicia; por ejemplo, un pecado impuro cometido en solitario, o bien con otra persona, y si ésta es del mismo sexo, si soltera o casada; un robo, pero de cosa sagrada, etcétera.

d) *Quien ha tenido intención de pecar gravemente y después no lo ha hecho* por cualquier razón, debe confesarse de la intención pecaminosa grave. Se trata de los *pecados de deseo*, que han de manifestarse como tales, al igual que los *de pensamiento y de omisión*.

e) *Los pecados dudosos han de confesarse como dudosos.* La duda puede versar *sobre el pecado mismo*, si se cometió o no; *sobre la gravedad*, si era mortal o venial; o *sobre la confesión*, si se ha declarado o no en confesión.

f) *Quien involuntariamente olvida acusarse de un pecado mortal*, ha hecho una buena confesión y puede recibir la comunión. Eso sí, prosigue la obligación de declarar el pecado olvidado en la primera confesión que haga tras recordarlo.

Conviene tener presente que la obligación de manifestar todos los pecados mortales es del penitente, no del confesor, aunque éste a veces, por razones de caridad, se vea compelido a preguntar al penitente, si juzga en peligro la integridad de la confesión. Los pecados mortales deben declararse aunque el sacerdote no formule ninguna pregunta.

g) *Quien sabe que se ha confesado mal* —por falta de dolor, de propósito de enmienda o de sinceridad en la acusación—, debe rehacer todas las confesiones mal hechas y acusarse de los sacrilegios cometidos, comenzando desde la última confesión bien hecha. En estos casos, puede ser oportuno pedir la ayuda del confesor.

h) *Hay situaciones excepcionales que excusan de la integridad de la confesión.* En estos casos, la infusión de la gracia santificante perdona directamente los pecados mortales, que, no obstante, deberán declararse en la primera confesión en la que ya no exista la causa excusante.

Es obvio que, quien recibe en estos casos la absolución de sus pecados sin acusarse de todos ellos, debe cumplir interiormente los otros actos requeridos para la validez de la confesión.

* * *

A modo de resumen de esta detenida exposición de las características de la acusación de los pecados, valga lo que suele decirse en España a propósito de que la confesión debe reunir *"las cuatro ces"*: ser *clara, concreta, concisa y completa.*

—*Clara*: que el confesor entienda bien los pecados de los que el penitente se acusa, desterrando subterfugios y oscuridades.

—*Concreta*: sin andarse con divagaciones, ambigüedades ni generalidades.

—*Concisa*: con las debidas explicaciones, pero evitando la verborrea y, sobre todo, descripciones innecesarias.

—*Completa*: íntegra, manifestando todos los pecados mortales según su número —al menos aproximado—, su especie y las circunstancias que la cambien[14].

---

[14] Párrafos añadidos, lógicamente, en la versión española.

Algunos casos particulares

1. *Los moribundos*

Se puede y se debe absolver de modo absoluto a todo moribundo que da alguna señal de arrepentimiento, aunque no pueda hacer una confesión íntegra.

Se le puede absolver bajo condición –«si eres capaz», «si vives»–, cuando está inconsciente o se duda de su muerte real.

A este propósito, es oportuno recordar lo que prescribe el canon 976: «Todo sacerdote, aun desprovisto de la facultad para confesar, absuelve válida y lícitamente a cualquier penitente que esté en peligro de muerte de cualesquiera censuras y pecados, aunque se encuentre presente un sacerdote aprobado» (CIC 976).

Como ya se ha visto en el capítulo VII, se puede impartir la absolución colectiva sin previa confesión individual, cuando haya inminente peligro de muerte y el sacerdote o los sacerdotes presentes no tengan tiempo suficiente para escuchar las confesiones de cada penitente (cfr. CIC 961 § 1,1º).

2. *Los mudos*

Los mudos que no pueden confesarse íntegramente de sus pecados por medio de signos, deben manifestar de algún modo su arrepentimiento para que se les pueda impartir la absolución sacramental.

No están obligados a escribir sus pecados, por ser un medio extraordinario que no tienen por qué usar. No obstante, es aconsejable que lo hagan, con el fin de educar su sensibilidad espiritual.

3. *Los sordos*

Los sordos que hablan están obligados a confesar sus pecados como mejor puedan. A fin de guardar el secreto de la confesión, si hay personas cerca, no es preciso que el sacerdote los interrogue para procurar la integridad de la confesión. Por ello, a ser posible, es conveniente confesarlos en lugar aislado y evitar así que otros escuchen los pecados.

4. *Los que desconocen el idioma*

Quien ignora la lengua del confesor, no está obligado a confesarse por medio de un intérprete. Puede hacerlo, eso sí, con tal de evitar abusos y escándalos (cfr. CIC 990).

En caso de usar intérprete, éste está obligado a guardar el sigilo sacramental, al igual que ocurre con todo aquel que, de cualquier manera, tiene conocimiento de una confesión (cfr. CIC 983 § 2).

Quien no dispone de intérprete, o no quiere usarlo, puede manifestar su arrepentimiento por signos al confesor, recibir válida y lícitamente la absolución sacramental, y acercarse después a comulgar. Le queda, como ya se ha visto en otros casos, la obligación de acusarse de sus pecados en confesión individual en cuanto pueda hacerlo libre de barreras idiomáticas.

La confesión general

La confesión general es la repetición de las confesiones de toda la vida o de un tiempo determinado.

La confesión general *puede ser necesaria* en unos casos; *útil* en otros y, en otros más, *inútil y nociva*.

1. *Se considera necesaria* cuando existe certeza moral de que algunas confesiones anteriores han sido inválidas o sacrílegas. En los demás casos nunca se debe obligar al penitente a hacer una confesión general.

2. *Resulta útil*:

    a) cuando se tienen serias dudas sobre la validez de las confesiones precedentes;

    b) en determinadas circunstancias particulares de la vida, por humildad, por devoción o por deseo de una mayor purificación del alma ante Dios;

    c) con ocasión de ejercicios espirituales, resulta oportuna una confesión general desde la última que se haya hecho, o bien del último año.

3. *Es inútil e incluso contraproducente*, y por tanto debe prohibirse, cuando un fiel es proclive a los escrúpulos o muestra ansiedad patológica.

La confesión general debe ir precedida de una diligente preparación; también puede ser conveniente pedir ayuda al confesor.

X. LA ABSOLUCIÓN SACRAMENTAL

Noción

1. *La absolución sacramental es la forma* del sacramento de la Penitencia (cfr. Conc. de Trento: DS 1673 y 1704).

Si todo sacramento se compone de tres elementos —materia, forma y ministro—, *en la confesión*:

- *la materia* (*quasi*-materia) es el conjunto de los actos del penitente —dolor, propósito de enmienda, acusación de los pecados y satisfacción—, como ya se ha visto;
- *la forma* es la absolución sacramental;
- *el ministro* es el sacerdote confesor.

La absolución sacramental son las palabras establecidas por la Iglesia, que el confesor pronuncia sobre el fiel arrepentido de sus pecados. Se unen así la materia con la forma y constituyen el *signo* sacramental: el sacramento que, por voluntad de Cristo, concede el perdón de los pecados cometidos después del Bautismo.

2. *La absolución sacramental debe impartirse* del modo como establece el *Ritual de la Penitencia* de 1974, sea en su edición latina o en sus traducciones en lenguas modernas, aprobadas por la Santa Sede.

3. *La absolución sacramental completa* se expresa con la siguiente fórmula: «Dios, Padre todopoderoso, que reconcilió consigo al mundo por la Muerte y Resurrección de su Hijo y derramó el Espíritu Santo para la remisión de los pecados, te conceda, por el ministerio de la Iglesia, el perdón y la paz.

Y yo te absuelvo de tus pecados en el nombre del Padre, y del Hijo + y del Espíritu Santo». –R. «Amén».

El sacerdote puede añadir todavía: «La Pasión de Nuestro Señor Jesucristo, la intercesión de la Bienaventurada Virgen María y de todos los Santos, el bien que hagas y el mal que puedas sufrir, te sirvan como remedio de los pecados, aumento de gracia y premio de vida eterna. Vete en paz»[15].

La esencia de la absolución sacramental está en las palabras «yo te absuelvo de tus pecados».

4. *La absolución sacramental debe impartirse oralmente*, pronunciando las palabras establecidas sobre el penitente en persona. Aunque no sea necesario, es muy oportuno que el fiel oiga las absolución, especialmente si se trata de una persona proclive a los escrúpulos.

---

[15] Parrafo añadido en la edición española.

Si el penitente se aleja por despiste antes de recibir la absolución, puede ser absuelto si está todavía cerca del confesonario.

5. *Debe darse la absolución al penitente debidamente arrepentido.*

Por justa causa, la absolución puede impartirse bajo condición de una circunstancia de pasado o de presente; pero nunca de futuro, porque se pondría en peligro la validez del sacramento. Ejemplos: «si vives»; o «si eres capaz de recibir el sacramento», en caso de dudar que la materia confesada sea suficiente.

Al impartir la absolución, no es necesario expresar verbalmente la condición, de modo distinto a como ocurre en el Bautismo y en la Unción de enfermos: basta la intención. Lo mismo puede decirse cuando se absuelve de una censura.

Efectos de la absolución sacramental

Con la absolución pronunciada sobre el penitente arrepentido concluye la celebración del sacramento de la Penitencia, el cual, supuesta su validez y eficacia, produce los siguientes efectos.

1.º *Reconcilia al pecador con Dios*: es el efecto principal.

2.º *Remite directamente todos los pecados mortales*, cuando por ellos se han hecho todos los actos del penitente y se ha recibido la absolución. Y los remite también *indirectamente*, cuando todo esto se ha cumplido, pero el fiel olvida involuntariamente acusarse de algún pecado; permanece el deber de declararlo en una confesión posterior, si se recuerda.

Es posible que no todos los pecados veniales sean remitidos, porque por ellos falte alguno de los elementos requeridos para el perdón.

3.º *Remite la correspondiente pena eterna y también una parte —no por completo— de las penas temporales* debidas por los pecados mortales y veniales.

4.º *Restituye o aumenta en el alma la gracia santificante*, según se hubiese o no perdido.

5.º *Confiere la gracia sacramental*, es decir, el conjunto de dones espirituales que ayudan a producir frutos de penitencia y a evitar los pecados en el futuro.

6.º *Se recuperan —reviven— todos los méritos perdidos por el pecado mortal*.

7.º Como efecto secundario, el sacramento de la Penitencia produce tambiém *una gran paz y serenidad de conciencia, junto a un fuerte consuelo del alma*.

XI. EL MINISTRO
DE LA CONFESIÓN SACRAMENTAL

El ministro de la confesión sacramental es el confesor, ministerio que sólo puede ejercer el sacerdote (cfr. CIC 965; Conc. de Trento: DS 1684, 1710).

«*Para absolver válidamente de los pecados se requiere* que el ministro, además de la *potestad de orden* –recibida con la ordenación sacerdotal–, tenga *facultad de ejercerla* sobre los fieles a quienes da la absolución» (CIC 966 § 1).

El sacerdote puede recibir esa facultad en virtud del derecho o de la autoridad competente.

1. *En virtud del derecho*, el Romano Pontífice y los Cardenales tienen facultad de oír confesiones de los fieles *en todo el mundo.* Lo mismo ocurre a los obispos, canónigos penitenciarios, párrocos y administradores parroquiales, rectores de seminario y capellanes, pero a ellos el Ordinario de algún lugar puede prohibírselo en su territorio (cfr. CIC 967 §§ 1-2; 968 § 1).

Los Superiores religiosos, por su oficio, tienen también facultad de oír confesiones en todo el mundo, pero limitada a los miembros de su instituto (cfr. CIC 968 § 3).

Además, «*todo sacerdote*, aun desprovisto de facultad para confesar, absuelve válida y lícitamente a cualquier penitente que esté en peligro de muerte de cualesquiera censuras y pecados, aunque se encuentre presente un sacerdote aprobado» (CIC 976).

2. *La autoridad competente para otorgar la facultad de oír confesiones* de cualquier fiel es el Ordinario del lugar de incardinación o de domicilio del sacerdote receptor (cfr. CIC 969 § 1).

El presbítero que goza de tal facultad puede confesar en todo el mundo. Si el Ordinario que la otorgó, la revoca –siempre por causa grave–, el sacerdote queda privado de ella en todas partes. En cambio, si la revoca otro Ordinario, queda privado sólo en la diócesis de este último (cfr. CIC 974 §§ 1-2).

Los Superiores religiosos son competentes para conceder a un sacerdote la facultad de oír confesiones de sus súbditos y de quienes moran día y noche en la casa (cfr. CIC 969 § 2).

La facultad de oír habitualmente confesiones debe concederse *sólo a sacerdotes idóneos, por un tiempo indeterminado o determinado y por escrito* (cfr. CIC 970, 972 y 973).

Cese de la facultad de confesar

La facultad de oír confesiones cesa cuando:

– se cumple el tiempo por el que se concedió;
– se pierde el oficio, por el motivo que sea;

- la revoca, por causa grave, la autoridad competente (a tenor de la distinción de CIC 974 §§ 1-2, explicada más arriba);
- el sacerdote se excardina de la diócesis;
- se cambia el lugar de domicilio;
- se incurre en censura canónica.

«Fuera de peligro de muerte, *es inválida la absolución del cómplice en un pecado contra el sexto mandamiento del Decálogo*» (CIC 977). Para incurrir en esta prohibición se requiere:

- un cómplice, varón o mujer
- un pecado grave, externo y cierto
- cometido por los dos
- sólo contra el sexto mandamiento.

El sacerdote que atenta absolver al cómplice incurre en excomunión *"latae sententiae"* –sin sentencia judicial, automática–, cuyo levantamiento queda reservado a la Santa Sede (cfr. CIC 1378 § 1).

Cuando la facultad de confesar ha cesado

Cuando cesa la facultad de confesar, el sacerdote no puede absolver válidamente a los penitentes de sus pecados.

No obstante, si a pesar de haber perdido la facultad el sacerdote ejerce todavía el ministerio, la Iglesia suple y hace válidas las confesiones en dos circunstancias:

1. En caso de error común: a) de hecho; b) de derecho.
2. En caso de duda positiva y probable: a) de derecho; b) de hecho.

1. *El error común*

El error común *siempre es de los penitentes.*

a) *Error común de hecho*: a diferencia del error privado o no común, se da cuando *en un lugar público y externo el sacerdote ejerce el ministerio* de la confesión sin la debida facultad, *y* todos los fieles —o una gran parte— yerran, pensando que sí la tiene o ignorando la necesidad de que la posea.

b) *Error común de derecho*: se da *en determinadas circunstancias de carácter público y externo, capaces de hacer incurrir en error* a un buen número de fieles o a uno solo. No es preciso que de hecho se equivoquen: basta la sola posibilidad. Un ejemplo: un fiel entra en una iglesia, ve allí a un sacerdote y piensa sin más que tiene licencia para confesar, aunque en realidad no la posee.

2. *La duda positiva y probable*

La duda positiva y probable *es siempre del confesor.*
La duda es positiva si se funda en motivos reales que, sin embargo, no dan certeza.

Si no existe razón alguna, se da la llamada *duda negativa*, que no es suficiente, porque coincide esencialmente con la ignorancia.

La duda es probable si los motivos son de cierta entidad, pero se les contraponen otros motivos serios.

a) *La duda* positiva y probable *es de derecho* si recae sobre la existencia de la ley, o bien sobre su interpretación, contenido o ámbito de aplicación. Por ejemplo, cuando los canonistas discuten que la norma ampare aquel sentido concreto sobre el que versa la duda del sacerdote.

b) *La duda* positiva y probable *es de hecho* cuando recae sobre una circunstancia particular. Por ejemplo, si la facultad de confesar ha caducado; si el fiel está realmente en peligro de muerte; si un territorio pertenece a una diócesis u otra, etc.

En suma, en cualquiera de estos casos de error común o de duda positiva y probable, tanto de derecho como de hecho, la Iglesia suple la facultad de confesar requerida al sacerdote que, sin tenerla, ejercita el ministerio (cfr. CIC 144).

—¿Puede provocarse el error común?
—Sí, es lícito que un sacerdote lo provoque, por causa grave y proporcionada, en beneficio de un grupo de fieles. Según algunos tratadistas, basta para ello que, en un domingo, fiesta de precepto o día de extraordinaria concurrencia, los fieles deseen confesarse y no se halle presente otro sacerdote que el que no tiene licencias.

XII. DEBERES DEL SACERDOTE EN LA CONFESIÓN SACRAMENTAL

El sacerdote, en cuanto representante de Jesucristo y ministro del sacramento de la Penitencia, debe cumplir con plena responsabilidad sus deberes de *padre, médico, maestro y juez*, así como mantener el *secreto del sigilo sacramental* (Cfr. CCE 1461-1467).

El confesor es padre

1. *El confesor debe ser, por encima de todo, padre*, al que el penitente puede abrir confiadamente su corazón. Como padre, el sacerdote acoge en nombre de Dios —cuya paternidad representa a todos los hijos arrepentidos—, regenerándoles a la vida de la gracia.

Para cumplir adecuadamente este deber, el sacerdote debe esforzarse por vivir santamente y por poner en práctica todas las enseñanzas que la Iglesia da a los confesores.

2. *Ante todo, el confesor debe procurar estar él mismo en gracia de Dios.* Sería un contrasentido que no poseyese la gracia santificante quien ha sido elegido para distribuirla.

Recuerde el confesor que para la lícita administración de los sacramentos se exige el estado de gracia. Quien se apresta a confesar y sabe que está en pecado mortal, procure adquirir la gracia mediante un acto de contrición perfecta, también sin confesión sacramental, no siempre posible en ese momento (está prescrita, en cambio, antes de celebrar la Santa Misa, con las excepciones señaladas en CIC 916).

3. *Conviene que el confesor, si se le ve de cara, acoja al penitente con una sonrisa en los labios,* para inspirarle confianza y facilitarle la confidencia, y que en todo momento sea afable, comprensivo, misericordioso y caritativo.

No debe mostrar de ningún modo síntomas de prisa, tedio o impaciencia, al igual que no ha de tratar mal u ofender al penitente, aun cuando manifieste una conducta poco respetuosa.

4. *El confesor,* después del saludo inicial del penitente y de escuchar cuanto tiempo hace que no se confiesa, *déjele hablar,* salvo que muestre dificultades para comenzar la acusación de los pecados.

Si es preciso, por deber de caridad, ayúdele a hacer examen de conciencia y a confesar bien todos los pecados, especialmente los más graves, adecuando su intervención a la persona que le habla.

5. *La interrogación al penitente, si es conveniente, debe ser breve* y referida solamente a lo esencial. Evítense preguntas

inútiles, curiosas o, peor, indiscretas, que no sirven para la confesión.

6. *Cuando el sacerdote detecta que en la confesión hay también un desahogo* por parte del penitente, procure escucharle pacientemente en silencio.

7. *El confesor no debe permitir* que el penitente narre particularidades inútiles o descriptivas, en especial si se trata de cosas impuras o referidas a pecados de otros.

8. Ni con sus palabras ni con su actitud, *el confesor nunca dé a entender al penitente que se sorprende o asombra*: ni porque ha estado mucho tiempo alejado de la confesión, ni por el número o la gravedad de los pecados de que se acusa.

9. *Confesor y penitente deben hablar en voz baja*, para no ser oídos por otras personas cercanas.

10. *Todos los sacerdotes han de mostrarse siempre dispuestos a escuchar la confesión sacramental de los fieles, cuando lo pidan "razonablemente".* Los párrocos y otros pastores de almas tiene obligación de proveer la administración de este sacramento a quienes tienen a su cargo y de darles oportunidad de acercarse a la confesión individual, en días y horas determinadas que les resulten asequibles (cfr. CIC 986).

11. *El confesor ha de tratar con afabilidad al penitente*, cualquiera que sea, de modo que los sentimientos de sim-

patía y de confianza que le ha suscitado le muevan a confesarse de nuevo.

12. *El confesor debe ser siempre un padre espiritual,* un verdadero guía de todos los fieles que se acercan a él en la confesión sacramental.

Logrará ejercitar la dirección espiritual, más o menos, según que los fieles vean la importancia de abrirle el alma para obtener efectos espirituales beneficiosos.

13. *Cabe distinguir entre confesión y dirección espiritual propiamente dicha.*

En la confesión se trata de acusarse de los pecados, sin que por ello deban excluirse algunos consejos o reflexiones por parte del sacerdote.

En la dirección espiritual, en cambio, se examinan más detalladamente no sólo los pecados, sino también sus causas, y además las inclinaciones, el carácter, las costumbres o hábitos contraídos, las tentaciones...: es decir, la vida entera del penitente, tanto en sus aspectos negativos como positivos.

Objetivo inmediato de la dirección espiritual puede ser sanar las raíces del mal, corregir defectos, encontrar remedios espirituales a una situación o caso concreto, etcétera. Ahora bien, no ha de perderse de vista que su fin último es siempre dirigir al alma hacia la santidad, contando con la ayuda de la gracia y apoyándose para avanzar en las virtudes que posea[16].

14. *Durante la confesión sacramental se puede dar dirección espiritual en sentido estricto,* pero es más oportuna te-

---

[16] Párrafo añadido en la versión española.

nerla en otro lugar o momento, en especial si hay otros fieles que esperan para confesarse.

15. *Al dirigir espiritualmente a las almas, el sacerdote debe procurar mostrarse lleno de caridad, ciencia y prudencia.* El fiel debe ver a Jesucristo en la persona del director, abrirle completamente su alma a fin de que pueda encontrar el camino apropiado para un verdadero progreso espiritual, y tenerle la máxima confianza y docilidad para escuchar y seguir sus consejos. Por último, en la dirección espiritual conviene evitar toda familiaridad exagerada, así como cambiar con demasiada facilidad de sacerdote director (cfr. Conc. Vaticano II, *Presbyterorum ordinis* n. 18; *Optatam totius*, nn. 3-8).

El confesor es médico

1. *El confesor, en cuanto representa a Cristo como médico de las almas,* debe procurar conocer en lo posible el estado de ánimo subjetivo, espiritual, psicológico y físico del penitente, para comprender la causa de los males de su alma y poder aconsejarle los remedios oportunos, tanto naturales como sobrenaturales, e impedir así que recaiga en el pecado.

2. *El confesor, cuando descubre que el penitente tiene débiles disposiciones, está obligado como médico* a disponerle bien para recibir eficazmente el sacramento.
En cambio, cuando el penitente *no está verdaderamente dispuesto,* debe prepararlo para diferir, si es el caso, la abso-

lución. Ahora bien, si juzga *inútil o imposible toda instrucción en ese sentido,* entonces es preferible dejarle en su buena fe.

3. *Cuando el confesor considera que el penitente necesita una seria "intervención quirúrgica" espiritual* para hacerle cambiar de vida, no debe temer sugerírselo, siempre que le vea capaz de afrontarla.

4. *El confesor ha de estar atento a no imponer penitencias extrañas o desproporcionadas a las fuerzas del penitente.*
Las penitencias deben ser sencillas, fáciles de cumplir y siempre conformes a las capacidades del penitente.
No intente el confesor corregir al penitente por medio de la calidad o cantidad de las penitencias.

El confesor es maestro

1. *El confesor, para cumplir adecuadamente su oficio de maestro de las almas,* debe poseer la ciencia suficiente para instruir a los penitentes en la doctrina de Cristo y de la Iglesia, además de ser muy prudente y de llevar una vida santa. «Los labios del sacerdote custodian la ciencia y en su boca se busca la instrucción, porque es mensajero del Señor de los ejércitos» (Malaquías 2,7). «Ay de vosotros, guías ciegos...» (Mt 23,16).

2. *El confesor debe poseer la ciencia suficiente* para resolver los casos ordinarios que se le presenten y para responder adecuadamente a posibles preguntas de los penitentes.

3. *El confesor tiene el grave deber de encontrar tiempo para repasar frecuentemente* las materias estudiadas en su momento, en especial las de dogmática, moral y derecho canónico, para ser competente en su ministerio. Debe ponerse al día de continuo.

4. *El confesor tiene la obligación de instruir a los penitentes* que no conozcan las verdades esenciales, necesarias para la recepción fructuosa del sacramento.

5. *El confesor está obligado a iluminar las conciencias erróneas* acerca de la doctrina de la Iglesia sobre lo que es pecado o no, y sobre lo que es pecado mortal o venial. En especial, cuando el error causa grave daño espiritual al propio fiel o a otros, y cuando el silencio del confesor pueda afectar al bien común o a un tercero.

6. *El confesor puede omitir la instrucción:*

a) cuando de ella no cabe esperar ninguna utilidad y la omisión no daña al penitente ni a otros;
b) cuando, aunque dañe a alguien, prevé que el penitente no la escuchará;
c) cuando el daño es mayor que el bien que se conseguiría: cabe omitir, por ejemplo, la instrucción acerca de la invalidez ignorada de un matrimonio, si impartirla ocasionase un grave daño a los hijos;
d) cuando duda si es o no necesaria.

Ordinariamente puede omitirse la instrucción, pero *nunca debe darse la absolución sin antes haber sugerido al menos un breve consejo o reflexión espiritual.*

7. El confesor debe ser extremadamente prudente:

a) *al interrogar al penitente,* teniendo en cuenta su edad, sexo, estado y demás condiciones (cfr. CIC 979).

b) *al juzgar sobre la moralidad* y gravedad de los pecados acusados;

c) *al sugerir remedios* al penitente para que corrija sus males espirituales y evite las causas de las recaídas;

d) *al dar consejos* acerca de los casos que le manifesten;

e) *al imponer la penitencia,* considerando no sólo el número, calidad y gravedad de los pecados confesados, sino también la capacidad espiritual del penitente;

f) *al confesar a mujeres,* a niños, a adolescentes y a enfermos, en especial cuando se trata de materia delicada sobre el sexto y el noveno mandamiento;

g) *al dar,* diferir o negar la absolución sacramental.

El confesor es juez

1. *El confesor como juez, antes de dar la absolución,* debe formarse un juicio prudente sobre el penitente, ateniéndose siempre a las palabras de éste.

2. *El confesor debe juzgar:*

a) *si las cosas de las que el penitente se ha acusado son* —objetiva o al menos subjetivamente— *pecados,* ya que si absuelve sólo de materia insuficiente el sacramento será inválido;

b) si los pecados acusados son *mortales o veniales;*

105

c) *de qué especie moral* son los pecados acusados: blasfemia, homicidio, robo, impureza, etcétera.

d) *el número de los pecados acusados,* dentro de lo posible;

e) *si el penitente tiene las disposiciones suficientes* para recibir válidamente la absolución. En caso de duda, debe
interrogar al penitente para formarse un juicio moralmente cierto: cuando está en juego la validez del sacramento es necesario seguir la parte más segura.

No se requiere que el confesor, en el momento de dar la
absolución, recuerde todos los pecados escuchados: *basta
un juicio de conjunto.*

3. *El confesor,* para formarse un juicio prudente sobre el
penitente, *a veces ha de interrogarlo* por deber de justicia o
de caridad:

a) cuando considera que, culpablemente o no, el penitente *no ha hecho una confesión íntegra;*

b) *cuando no posee los elementos necesarios para un juicio*
acerca de la calidad de los pecados, su gravedad, número o circunstancias que varían la especie;

c) *cuando duda seriamente* de las debidas disposiciones
interiores del penitente.

4. *Al formular las preguntas que estime necesarias,* el confesor ha de tener presente *la oportunidad y la utilidad* que
pueden tener, así como *la personalidad del penitente.* Debe
ceñirse a lo estrictamente preciso, evitando toda curiosidad
malsana, e interrogar *con prudencia,* considerando el modo
y el momento más convenientes.

Debe extremar la prudencia al tratar el tema de la castidad. Cuando sea necesario, comience con expresiones genéricas y descienda luego a particularidades, considerando el estado, la edad, el sexo y la capacidad racional del penitente, ateniéndose a las enseñanzas del Magisterio de la Iglesia (cfr. CIC 979 y *Normas* de la Congregación del Santo Oficio de 14 de mayo de 1943).

5. *El Código de Derecho Canónico advierte a los confesores en un caso particular.*

«Quien se acuse de haber denunciado falsamente ante la autoridad eclesiástica a un confesor inocente del delito de solicitación a pecado contra el sexto mandamiento del Decálogo —tipificado en CIC 1387—, no debe ser absuelto mientras no retracte formalmente la denuncia falsa y esté dispuesto a reparar los daños que quizá se hayan ocasionado» (CIC 982).

El confesor debe recordar, además, que «quien denuncia falsamente ante un Superior eclesiástico a un confesor, por el delito de que se trata en canon 1387, incurre en entredicho *latae sententiae* y, si es clérigo, en suspensión» (CIC 1390).

El sigilo sacramental

1. *Noción*

El sigilo sacramental es la obligación inviolable de mantener siempre bajo riguroso secreto todo lo que se ha oído en la confesión.

Esta norma rige aun después de la muerte del penitente y no tiene excepción por ningún motivo, por grave que éste sea. Se funda en que toda confesión sacramental es un encuentro personalísimo de cada penitente con Dios: una apertura del alma sólo a Él, a quien declara sus pecados por medio del sacerdote. Obedece también al hecho de que, de otro modo, la confesión se volvería odiosa.

2. *La obligación del secreto sacramental*

a) *deriva exclusivamente de la confesión sacramental* hecha para obtener la absolución. La obligación subsiste aunque la confesión sea nula o sacrílega, e incluso cuando se ha negado la absolución al penitente;

b) *es de derecho divino natural*: obliga siempre y gravemente en virtud de la religión –reverencia al sacramento– y de la justicia: violación de un secreto confiado;

c) *es de derecho divino positivo, al menos implícito*: Jesucristo instituyó el sacramento como juicio del fuero interno, con la obligación de la confesión secreta;

d) *es de derecho eclesiástico*: se encuentra en el Concilio de Letrán IV cfr. DS 814, y CIC 983-984.

En materia de sigilo sacramental no es lícito seguir la opinión probable: si se duda de si tal punto concreto entra dentro del sigilo sacramental, es preciso seguir la parte más segura, porque se trata del derecho de un tercero.

3. Sujeto del sigilo sacramental

a) *Está obligado a guardar el sigilo sacramental todo confesor, también en el supuesto de que sea ilegítimo e incluso falso,* caso de un laico que fingiese ser sacerdote (cfr. CIC 983 § 1).

b) *También quedan obligados a observar el secreto tanto el intérprete, si lo hay, como todos los demás* que, de cualquier manera, tengan conocimiento de los pecados por la confesión (cfr. CIC 983 § 2).

c) *El confesor, una vez que ha impartido la absolución, puede hablar con el penitente* de lo que éste ha declarado en la confesión *sólo con su consentimiento.*

d) *El penitente no está obligado a guardar secreto sacramental,* ni siquiera de lo que le ha dicho el confesor. Peca, sin embargo, por violación de secreto natural confiado, el penitente que revela algo que puede dañar al confesor, salvo que lo exija el bien público o privado.

e) «*Está absolutamente prohibido al confesor hacer uso, con perjuicio del penitente, de los conocimientos adquiridos en la confesión,* aunque no haya peligro alguno de revelación» (CIC 984 § 1).

f) «*Quien está constituido en autoridad* no puede en modo alguno hacer uso, para el gobierno exterior, del conocimiento de pecados que haya adquirido por confesión en cualquier momento» (CIC 984 § 2).

g) *No está prohibido servirse de noticias* conocidas en la confesión, si ello no resulta gravoso al penitente ni hace odioso el sacramento: un predicador, por ejemplo, puede tocar ciertos temas sacados de lo que ha oído en confesión.

h) *Se consideran testigos inadmisibles en un juicio* «los sacerdotes, respecto a todo lo que conocen por confesión sacramental, aunque el penitente pida que lo manifiesten; más aún, lo que de cualquier modo haya oído alguien con ocasión de la confesión no puede ser aceptado ni siquiera como indicio de la verdad» (CIC 1550 § 2,2°).

Este canon del Código de Derecho Canónico está tutelado también en el artículo 417 de la Ley española de Enjuiciamiento Criminal, que señala: «*no podrán ser obligados a declarar en juicio: ...los eclesiásticos y ministros de cultos disidentes, sobre los hechos que les fueron revelados en el ejercicio de las funciones de su ministerio*»[17].

i) *La grabación por medios técnicos de la confesión,* cualquiera que sea quien la realice, está absolutamente prohibida (cfr. Congr. para la Doctrina de la Fe, Declaración de 23-III-1973).

4. *Objeto del sigilo sacramental*

El sigilo sacramental recae sólo sobre los pecados mortales y veniales declarados en la confesión y todo las explicaciones concernientes a ellos.

No son objeto del sigilo sacramental las demás circunstancias: ni los modos de ser defectuosos del penitente —escrupuloso, impaciente, hablador...—, *ni sus virtudes, ni otras referencias externas,* siempre que de ellos no quepa

---

[17] Párrafo incorporado, lógicamente, en la versión en castellano.

colegir pecado alguno de los que se ha acusado en la confesión.

5. *La violación de sigilo sacramental*

La violación del sigilo sacramental *puede ser directa e indirecta.*

La violación *directa* se da cuando se manifiesta un pecado escuchado en la confesión sacramental y la identidad del pecador.

Basta para ello que pecado y pecador puedan ser individuados con certeza a partir de las palabras del pecador.

La violación *indirecta* acontece cuando, de lo que el sacerdote dice, hace u omite y de las circunstancias que él expresa, los demás pueden deducir o sospechar de algún modo la identidad del penitente y el pecado que ha cometido.

No se viola el sigilo si alguien, por ejemplo, cuenta un pecado particular oído en la confesión, pero de tal manera que de ninguna manera se puede descubrir al pecador.

6. *Penas previstas para quien viola el sigilo sacramental*

«*El confesor que viola directamente el sigilo sacramental* incurre en excomunión *"latae sententiae"* reservada a la Sede Apostólica» (CIC 1388 § 1).

El confesor que lo viola sólo indirectamente «ha de ser castigado en proporción con la gravedad del caso» (CIC 1388 § 1): siempre *"ferendae sententiae"*, es decir, con penas impuestas judicialmente.

Si el sigilo lo viola el intérprete o algún otro que ha oído la confesión, «deben ser castigados con una pena justa, sin excluir la excomunión» (CIC 1388 § 2).

Quien graba con un instrumento técnico lo que el sacerdote o el penitente dicen en una confesión sacramental –verdadera o simulada, propia o ajena–, y lo divulga en los medios de comunicación social, incurre en excomunión *"latae sententiae"*, es decir, automática, por el solo hecho de realizar la acción tipificada y sin mayor necesidad de juicio (cfr. Congr. para la Doctrina de la Fe, Decreto de 23-IX-1989).

XIII. EL CONFESOR ANTE ALGUNOS TIPOS PARTICULARES DE PENITENTES

Una vez recordados los deberes del confesor hacia la generalidad de los penitentes, examinamos ahora su comportamiento con algunos tipos particulares de penitentes, que conviene considerar aparte por exigir un trato especial en virtud de las condiciones singulares en que se encuentran.

Los niños y preadolescentes

El confesor ha de procurar acogerlos con una sonrisa en los labios y con un comportamiento benévolo, para inspirarles confianza y facilitar su sinceridad.

Conviene usar palabras sencillas y fáciles, accesibles a ellos. Si usa cualquier término más difícil, relativo a la confesión o a las verdades de fe, debe intentar explicárselo.

Ayúdeles a confesar los pecados más habituales a su edad y después, si lo estima oportuno, pregunte si han cometido algún otro pecado mortal o venial.

Debe ser muy prudente al preguntar por temas de pureza: hable de esto sólo s. ellos lo indican de algún modo y en términos muy genéricos. Descienda a detalles si detecta que pueden comprenderle y, si lo ve oportuno, cabe dar algunas explicaciones elementales.

Conviene fomentarles el dolor de sus pecados y el propósito de la enmienda, así como exhortarles a la confesión frecuente.

Los casados

Los casados entran en una categoría especial de penitentes, sobre todo por la cuestión de la castidad y del uso de métodos naturales o artificiales en las relaciones conyugales.

1. *El confesor, cuando estima que la confesión no ha sido íntegra, tiene el deber de caridad de ayudar al penitente casado* a acusarse de sus pecados. Conviene comenzar con preguntas genéricas, por ejemplo: «¿Ha cometido algún otro pecado grave?» «¿Ha observado las leyes de la castidad conyugal?».

2. *El confesor debe conocer la enseñanza constante de la Iglesia,* expresada especialmente en estos documentos: Constitución Pastoral *Gaudium et spes* (1965) del Concilio Vaticano II, *Catecismo de la Iglesia Católica* (1992), las Encíclicas *Casti connubii* (1930) de Pío XI, *Humanae vitae* (1968) de Pablo VI y *Evangelium vitae* (1995) de Juan Pa-

blo II, de quien son también la Exhortación Apostólica *Familiaris consortio* (1981) y la Carta a las Familias *Gratissimum sane* (1994). Además, resulta muy útil el reciente *Vademecum para los confesores sobre algunos temas de moral conyugal* (1997), del Pontificio Consejo para la Familia.

3. Dice Pío XI, a este propósito, en la Enc. *Casti connubii*: «*cualquier uso del matrimonio, en cuyo ejercicio el acto, por voluntad humana, queda destituido de su natural fuerza procreativa, va contra la ley de Dios y de la naturaleza, y los que cometen tales acciones se hacen gravemente culpables...*

»Encarecemos a los confesores y a todos los pastores de almas que no consientan en los fieles a su cargo ningún error acerca de punto tan grave de la ley de Dios... Y si alguno indujese a los fieles a estos errores, o al menos les confirmara en ellos con su aprobación o silencio culpable, sepa que ha de dar estrecha cuenta al Juez Supremo, por haber traicionado su deber...

»No puede darse ninguna dificultad que sirva para derogar las obligaciones de los mandamientos de Dios».

4. Juan Pablo II escribe en la Exhort. Apost. *Familiaris consortio* (n.29): «en continuidad con la tradición viva de la comunidad eclesial a lo largo de la historia... los Padres sinodales han declarado textualmente en su última asamblea: "Este Santo Sínodo, reunido en la unidad de la fe con el Sucesor de Pedro, mantiene firmemente lo propuesto en el Concilio Vaticano II (cfr. *Gaudium et spes* n.50) y después en la Encíclica *Humanae vitae*, en particu-

lar que *el amor conyugal debe ser plenamente humano, exclusivo y abierto a una nueva vida* (HV n.11; cfr. 9 y 12) "».

5. *Los hijos son un fin naturalmente primario del matrimonio y un bien de incalculable valor para los cónyuges.* De ahí que *la anticoncepción voluntaria sea gravemente ilícita.*

No obstante, *es oportuno recordar que los cónyuges pueden seguir métodos naturales de regulación de la natalidad,* que la Iglesia considera *lícitos sólo por graves razones* (si éstas faltan, aquéllos no pasan de ser un método anticonceptivo más). Dice la Enc. *Humanae vitae* (n.16): «si para espaciar los nacimientos existen serios motivos, derivados de las condiciones físicas o psicológicas de los cónyuges, o de circunstancias exteriores, la Iglesia enseña que entonces es lícito tener en cuenta los ritmos inmanentes a las funciones generadoras para usar del matrimonio sólo en los periodos infecundos, y así regular la natalidad sin ofender los principios morales»[18].

6. *Cuando es el penitente quien pregunta o pide aclaraciones sobre estas cuestiones,* el confesor no puede responder: «obre según su conciencia», sino que debe dar explicaciones adecuadas y claras, siempre con prudencia y discreción, sin aprobar opiniones equivocadas, contrarias a las enseñanzas de la Iglesia.

7. «*El confesor tiene la obligación de advertir a los penitentes* sobre las transgresiones de la ley de Dios graves en sí mismas, y procurar que deseen la absolución y el perdón

---

[18] Párrafo prácticamente nuevo en la versión española.

116

del Señor con el propósito de replantear y corregir su conducta. De todos modos, la reincidencia en los pecados de anticoncepción no es por sí sola motivo para negar la absolución; ésta no puede impartirse, en cambio, si faltan el suficiente arrepentimiento o el propósito de evitar el pecado» (*Vademecum para los confesores...*, III,5).

8. *El confesor también ha de tener en cuenta*:

a) *Es lícito el acto conyugal cuando está abierto a la vida*, conforme al principio: «todo acto conyugal debe quedar abierto a la transmisión de la vida», constantemente enseñado por la Iglesia. Esto no obsta de ningún modo a lo dicho más arriba en el nº 5, ya que los *serios motivos* para espaciar los nacimientos justifican plenamente el recurso al uso del matrimonio sólo en los períodos infecundos de la mujer, reconocibles según diversos métodos[19].

b) *El acto matrimonial es un derecho-deber de los esposos*, de cada uno de ellos. Por eso, *negárselo al cónyuge cuando éste lo pide en firme, sin abuso y en momento oportuno, es pecado mortal.*

   Marido y mujer tienen derecho-deber al acto conyugal sólo cuando se realiza de modo regular. Si un cónyuge lo pide de manera ilícita pierde su derecho y el otro no tiene deber.

c) *Cuando un cónyuge –marido o mujer– pretende impedir la concepción y el otro no, porque no quiere pecar*, éste último, tras mostrar de algún modo su discon-

---

[19] Párrafo prácticamente nuevo en la versión española.

formidad y para evitar mayores males, puede prestarse a realizar el acto conyugal.

Este supuesto entra dentro de la llamada *cooperación material al mal*, «lícita cuando se dan conjuntamente estas tres condiciones:
- la acción del cónyuge cooperante no debe ser en sí misma ilícita;
- deben existir motivos proporcionalemnte graves para cooperar en el pecado del cónyuge;
- se debe procurar ayudar al cónyuge (pacientemente, con la oración, con la caridad, con el diálogo: no necesariamente en ese momento, ni en cada ocasión) a desistir de tal conducta» (*Vademecum...*, III.14).

Por contra, la *cooperación formal* siempre es ilícita, porque implica la aprobación personal del mal ajeno al que se coopera[20].

d) *Es lícito lógicamente el acto matrimonial pleno de los cónyuges ancianos.* Ahora bien, de no lograr realizarlo completo, no por ello les es lícita la masturbación.

9. «*Continúa siendo válido el principio*, también referido a la castidad conyugal, según el cual es preferible *dejar a los penitentes en buena fe* si se encuentran en el error debido a una ignorancia subjetivamente invencible, cuando se prevea que el penitente, aun después de haberlo orientado a vivir en el ámbito de la vida de fe, no modificaría su conducta, pasando a pecar formalmente. Sin embargo, aun en estos casos, el confesor debe siempre exhortar a es-

---

[20] Epígrafe prácticamente nuevo en la versión castellana.

118

tos penitentes a formar su conciencia y a seguir las enseñanzas de la Iglesia, para que, por medio de la oración, acojan en su vida el plan de Dios, también en las exigencias conyugales» (*Vademecum...*, III,8).

10. «La "ley de la gradualidad" pastoral –que no puede confundirse con la "gradualidad de la ley", que pretende disminuir sus exigencias–, consiste en una *decisiva ruptura* con el pecado y una *camino progresivo* hacia la total unión con la voluntad de Dios y sus amables exigencias» (*Vademecum...*, III,9).

Los divorciados

Entre los casos difíciles de las categorías particulares de penitentes se encuentran los *divorciados*, a los que cabe añadir los casados sólo civilmente y los que conviven de hecho (cfr. CCE 1650-1651, 2386, 2391).

1. Cuando se presenta uno de estos casos, *el confesor no debe siempre y de primera instancia negar la absolución*, sino que antes ha de ponderar cuidadosamente y con la máxima comprensión la situación de cada persona, para que ésta permanezca en los límites establecidos por las enseñanzas de la Iglesia.

2. *Los penitentes que desean vivir en gracia de Dios* y no pueden separarse de su compañero/a por diversos motivos –edad avanzada, enfermedad de uno o de ambos, hijos necesitados de ayuda o educación–, pueden recibir la absolu-

ción si tienen verdadero arrepentimiento de sus pecados, firme propósito de enmienda y manifiestan su decisión de vivir con su compañero/a como si fueran hermano y hermana.

Si reinciden después en el pecado y vuelven a confesarse, se les puede absolver de nuevo, siempre con las debidas disposiciones de alma. ¿No está acaso indicado que no se niegue la absolución a los cónyuges que recaen en evitar la procreación, si tienen verdadero dolor y firme propósito de enmienda? (cfr. *Humanae vitae* n.29; *Vademecum...,* III,11).

3. *El confesor debe inculcar a estos penitentes,* si le es posible, el deber de sanar su situación irregular, así como indicarles el camino para lograrlo.

4. *Un divorciado que convive o se ha casado civilmente* puede pedir al tribunal eclesiástico competente que, si es el caso, declare la nulidad de su matrimonio canónico.

5. *Una persona soltera que convive con otra soltera* siempre puede contraer matrimonio religioso. Lo mismo cabe decir de dos solteros que se han casado civilmente.

Los homosexuales

Los homosexuales y todos los que muestran inclinación a anomalías sexuales constituyen un tipo particular de penitentes, hacia quienes el confesor debe tener respeto, compasión y delicadeza, como con todos. Especialmente en estos casos ha de evitarse todo signo de discriminación injusta.

1. El Magisterio de la Iglesia señala: «la condición homosexual... alguno se ha atrevido a definirla indiferente o, sin más, buena. Es necesario precisar, por el contrario, que la particular inclinación de la persona homosexual, aunque en sí no sea pecado, constituye una tendencia, más o menos fuerte, hacia un comportamiento intrínsecamente malo desde el punto de vista moral. Por este motivo, la inclinación misma debe considerarse como objetivamente desordenada» (Congr. para la Doctrina de la Fe, *Carta sobre la atención pastoral a las personas homosexuales* de 1-X-1986, n.3)[21].

2. La homosexualidad, así como otras anomalías sexuales, en ocasiones no dependen del individuo, sino de la naturaleza que le ha tocado en suerte. Especialmente en las formas más graves revelan un fondo patológico que, a veces, conduce a perversiones sexuales.

Todos ellos, al igual que los fieles normales, han de llevar la cruz de su concupiscencia, por lo que tienen idéntico deber de esforzarse por vivir la castidad y conquistar el Reino de los cielos (cfr. CCE 2357-2359 y Carta citada en nº 1).

3. A quienes se acusan de actos homosexuales o de otras anomalías, *el confesor, además de mostrar bondad, caridad y comprensión hacia ellos,* debe indicarles los medios

---

[21] Párrafo incorporado en la edición española.

ordinarios naturales y sobrenaturales –especialmente la confesión frecuente–, para que puedan vencer las tentaciones y evitar de modo especial las ocasiones próximas de pecado.

4. *El confesor, para absolverles de sus pecados,* tendrá presentes las normas generales, sin mayores particularidades. Si le es posible, después les ayudará pastoralmente a vivir más intensamente su vida espiritual, para que tengan la fuerza de superar sus dificultades.

Los que no se confiesan desde hace mucho tiempo

Cuando se presenta un fiel que no se ha confesado en mucho tiempo, el confesor *no debe sorprenderse* de ello y, con caridad y paciencia, puede iniciar el diálogo preguntando, si lo ve oportuno, cómo es que se ha decidido a confesarse en ese día.

En la respuesta que reciba descubrirá si el penitente llega movido por una verdadera conversión, o más bien desea hacerlo con ocasión de alguna circunstancia particular: matrimonio, muerte de un ser querido, Primera Comunión o Confirmación de un hijo, bodas de plata matrimoniales, etcétera.

En cualquiera de estos casos, *cuando el confesor ve al penitente con serias intenciones,* puede preguntarle si desea comenzar la acusación de los pecados o prefiere que se le ayude.

Si el confesor considera que *la acusación de los pecados no ha sido íntegra,* debe intentar completarla mediante las preguntas que estime más oportunas.

El confesor, en fin, *ayude al penitente a preparar el dolor y el propósito de enmienda.* Sin excederse, puede ser conveniente en algunos casos imponer una penitencia mayor, en consideración del tiempo transcurrido sin acudir al sacramento de la Reconciliación. Siempre debe exhortarle a confesarse más a menudo.

Los casos patológicos

Muy a menudo se acercan a confesarse enfermos mentales, personas depresivas o, sin más, psicológicamente agotadas. El confesor debe tener mucha bondad y armarse de paciencia, considerando que acaso vienen más por escuchar una palabra de consuelo o para desahogarse que para recibir el sacramento.

En los enfermos mentales es difícil establecer el grado de responsabilidad de sus acciones. Es preciso tener siempre presente en estos casos la relación enfermedad psíquica-pecado: para que se dé un verdadero pecado mortal, además de materia grave, se requiere sobre todo la plena advertencia y el perfecto consentimiento, elementos indispensables que, con frecuencia, en ellos sólo se dan parcialmente e incluso faltan del todo.

Esté atento el confesor a no considerar endemoniados a ciertas personas que en realidad no son más que casos patológicos, necesitados de cuidados psíquicos o psiquiátricos.

Los escrupulosos

Los escrupulosos exageran la culpabilidad de sus acciones y pretenden ver pecado, y a menudo pecado grave, donde con frecuencia no lo hay o, como mucho, sólo es venial.

Suelen ser *muy descriptivos y minuciosos* –en sentido estricto– en la acusación, concentrando su atención en algunas especies de pecado, sobre todo *en dos temas: caridad hacia los demás y castidad.*

Se suma a ello un *afán vehemente de recibir la absolución* de sus pecados –verdaderos o ilusorios–, lo que les lleva a confesarse con excesiva frecuencia, a insistir una y otra vez en lo mismo dentro de una confesión –por si «no me he explicado» o «no me ha entendido bien»–, o a no acabar nunca la enumeración de sus "pecados". La obcecación por sentirse perdonados y estar a bien con Dios a veces no se aquieta ni aunque el confesor se lo corrobore con insistencia.

Los escrupulosos, en suma, son *personas de notable complicación y rigidez de espíritu* que, en el fondo, desconfían de la bondad de su Padre Dios. No son propiamente enfermos mentales, aunque en caso de traspasar ciertos límites, conviene que sean tratados psicológicamente.

Un confesor poco experimentado, de no advertirlo a tiempo, puede *confundir a un escrupuloso con un alma delicada.* Pensamos que lo dicho hasta ahora sirve de pauta para detectarlos y para evitar enredarse en sus conflictos de conciencia[22].

Para intentar ayudar a un escrupuloso a salir de su situación, el confesor debe seguir un *método de gran firmeza.*

1. El escrupuloso debe ser *muy dócil al confesor.*

2. *No obedecer al confesor ha de ser el mayor escrúpulo* para él.

---

[22] Párrafos incorporados en la versión castellana.

124

3. Dentro de lo posible, *el escrupuloso no debe confesarse con muchos confesores*, sino sólo con el mismo, que es muy aconsejable que sea su director espiritual.

4. *El confesor debe darles reglas generales*, que al mismo tiempo sean claras, precisas y sin ambigüedades.

5. *En cuanto a las confesiones pasadas, el confesor sólo debe permitir repetirlas* si el escrupuloso asegura, *bajo juramento*, que en su vida ha callado por vergüenza algún pecado mortal certísimo y de obra: no de pensamiento, deseo u omisión. Y esto una sola vez.

En cambio, cuando asevera que en su momento no tuvo dolor o propósito de enmienda de algún pecado confesado, el sacerdote ha de ponderar todavía más detenidamente si le permite acusarse de la vida pasada, ya que corre el peligro próximo de caer en las redes que tiende la conciencia escrupulosa y no hacerle ningún bien.

Desde luego, si el escrupuloso no es capaz de hacer ese juramento o da muestras de dudar, el confesor debe decirle, de modo absoluto, que deje de pensar en el pasado y renueve sólo interiormente el dolor y el propósito de enmienda de todos los pecados de la vida; así, si algún pecado no se hubiese remitido directamente antes, será cancelado ahora.

En cualquier caso, *no es bueno ceder a la insistencia de un escrupuloso en hacer confesión general* de su vida[23].

6. *El confesor dé al escrupuloso la absolución sacramental como máximo una vez a la semana*, salvo que haya un certísimo pecado mortal de obra.

---

[23] Párrafo añadido en la versión en castellano.

7. *El confesor tenga hacia el escrupuloso una actitud más bien severa*, especialmente cuando no obedece.

8. *El confesor enseñe al escrupuloso* que, para cometer un pecado mortal, se requieren tres elementos: materia grave, plena advertencia y perfecto consentimiento.

Es muy difícil que un escrupuloso cometa un pecado mortal, porque muy a menudo no tiene plena advertencia y perfecto consentimiento, ya que le falta el equilibrio psíquico requerido para dar un juicio ecuánime sobre sus propias acciones.

Los ocasionarios

1. *Los ocasionarios son los que se encuentran en ocasión de pecado*, en virtud de una particular circunstancia externa que les empuja al mal y les facilita realizarlo.

No se habla aquí de la ocasión remota, que puede evitarse sin mayores dificultades, *sino de la próxima*, en la cual un individuo concreto peca siempre o casi siempre, de tal modo que resulta moralmente cierto o muy probable que, de encontrarse en la mismas circunstancias, recaerá en el pecado. Todo lo cual se relaciona con el grado de concupiscencia y de fortaleza de espíritu de cada persona.

2. *La ocasión próxima de pecado puede ser voluntaria o necesaria.*

La ocasión próxima *voluntaria* se da cuando el individuo se pone deliberadamente en ella. Por tanto, si quisiera, podría evitarla.

La ocasión próxima *necesaria* es aquella en que alguien se encuentra sin quererlo, llevado por los avatares de la vida. Alejarse de esta ocasión resulta muy difícil, por los graves daños que se derivarían para la vida, la salud o la reputación: implicaría perder, por ejemplo, el puesto de trabajo, la convivencia conyugal o la posibilidad de casarse.

3. *No puede ser absuelto quien no quiere evitar la ocasión próxima voluntaria de pecado.*

4. *Quien se encuentra en una ocasión próxima necesaria de pecado* debe intentar poner los medios naturales y sobrenaturales para convertir la ocasión en remota.

5. *El confesor debe buscar con el penitente el camino mejor* para evitar el pecado, valorando la situación y recurriendo acaso a remedios drásticos, en la medida que sean indispensables para la salvación del alma.

Los habituales y reincidentes

1. *Los habituales* (o habitudinarios) son los que han contraído cualquier vicio —mal hábito— y cometen a menudo el mismo pecado.
Los reincidentes (o recidivos) son los que, tras varias confesiones, recaen sin enmendarse en el mismo pecado.

2. *El confesor puede absolver a unos y otros siempre que* compruebe que tienen verdadero dolor y firme propósito de enmienda de sus pecados, aunque prevean alguna recaí-

das, ya que éstas, más que por malicia, suelen ser por fragilidad y debilidad.

Es preciso tener presente que el dolor y el propósito se forjan en la voluntad: no en la inteligencia, que influye poco en aquélla y prevé otras caídas en el porvenir. De otro modo, nadie debería confesarse más, pues todos prevemos que en el futuro recaeremos en los mismos pecados o en cualquier otro.

3. *Lo mismo cabe decir respecto a los pecados veniales,* en los que se cae a menudo y se declaran en casi todas las confesiones.

Al no estar obligados a confesar todos los pecados veniales, se debe centrar la atención en uno o dos de ellos, en los que se cae con más frecuencia. Al confesarlos, es preciso tener verdadero dolor y firme propósito de enmienda, porque hacerlo con ligereza puede invalidar el sacramento y cometerse un sacrilegio. El confesor, por tanto, ha de ayudar al penitente a dolerse y formular el propósito al menos de un pecado venial.

4. *El confesor debe prestar particular atención a los jóvenes habitudinarios y recidivos que se preparan para el sacerdocio o la vida religiosa. Los candidatos que se muestren ciertamente incapaces de vivir la castidad,* porque su excesiva debilidad de voluntad les lleva a frecuentes caídas, *no pueden ser absueltos* si no prometen negarse a recibir las Órdenes sagradas o a no emitir la profesión religiosa, o, al menos, a pasar un adecuado período de prueba.

La incapacidad para observar la castidad es señal clara de que el candidato no posee la vocación, tal como enseña el Magisterio ordinario de la Iglesia.

Quienes han incurrido en alguna censura, irregularidad u otro impedimento

A. *Censuras*

Ya se ha tratado brevemente de ellas y de su absolución en el capítulo VII.

1. *En peligro de muerte, cualquier sacerdote válidamente ordenado puede absolver de toda censura* (cfr. CIC 976). Sin embargo, si el censurado sale después del trance de muerte, ha de recurrir al Superior competente.

2. *Las censuras "ferendae sententiae"* –declaradas– *sólo puede remitirlas la autoridad competente* en cada caso, siempre que el reo cese en su contumacia (cfr. CIC 1355 § 1,1º-2º; 1358).

3. *Ante un penitente que ha incurrido en una censura "latae sententiae"* –no declarada por la autoridad–, el confesor debe saber que *sólo el Tribunal de la Penitenciaría Apostólica puede absolver de aquellas cuya remisión se reserva la Santa Sede,* que son las expresamente señaladas para quien comete uno de estos cinco delitos:

- profanación de las especies eucarísticas (cfr. CIC 1367);
- agresión física al Romano Pontífice (cfr. CIC 1370 § 1);
- atentar la absolución del cómplice de pecado contra el sexto mandamiento (cfr. CIC 1378 § 1);
- consagración de un obispo sin mandato de la Sede Apostólica, tanto consagrante como consagrado (cfr. CIC 1382);

– violación directa del sigilo sacramental (cfr. CIC 1388)[24].

4. *Fuera de la confesión sacramental,* pueden absolver de censuras *"latae sententiae"* no reservadas a la Santa Sede sólo *los Ordinarios* (cfr. CIC 1355 § 2).

De esas mismas censuras, pero sólo dentro de la confesión sacramental, pueden absolver:

– *Cualquier obispo* (cfr. CIC 1355 § 2).
– *El canónigo penitenciario* (cfr. CIC 508).
– *Los capellanes en hospitales, cárceles o navíos* (cfr. CIC 566 § 2).
– *Los sacerdotes de las Órdenes mendicantes* –franciscanos, dominicos, carmelitas, etcétera–, *por privilegio.*

5. *En caso de urgencia* –*"in urgentioribus"*– *cualquier confesor puede absolver de una censura "latae sententiae"* (cfr. CIC 1357), conforme a lo siguiente:

a) *Condiciones*: debe tratarse de un penitente al que le resulta gravoso permanecer en estado de pecado mortal durante el tiempo necesario para que el Superior competente provea. Es *motivo suficiente* el deseo sincero –que el propio confesor puede lícitamente suscitar– de recibir la absolución sacramental.

b) *Ámbito*: puede absolver sólo en el fuero interno sacramental, dentro de una confesión.

---

[24] Párrafos reelaborados en la edición española.

130

c) *Objeto*: puede absolver de las censuras de excomunión o de entredicho *"latae sententiae"*, incluidas las reservadas a la Santa Sede, en la medida que impiden la recepción de los sacramentos hasta que se remite la censura (cfr. CIC 1331 § 1,n.2; 1332).

d) *Penitencia*: el confesor debe imponer al fiel una penitencia proporcionada al mal cometido, aneja a la reparación del escándalo o daño, en su caso.

e) *Recurso en un mes*: el confesor debe recordar al penitente su obligación de recurrir antes de un mes –salvo grave incomodidad (cfr. CIC 1323,nº 4)–, bajo pena de reincidir en la censura, al Superior competente o a un sacerdote que posea las debidas facultades, y de atenerse a sus decisiones.

El propio confesor puede también elevar ese recurso, silenciando obviamente el nombre del penitente, para no violar el sigilo sacramental (cfr. CIC 1357 § 2). En el caso de censuras reservadas a la Santa Sede, el recurso se envía a: Penitenciaría Apostólica - Ciudad del Vaticano.

B. *Irregularidades y otros impedimentos*

Se han abordado ya brevemente en el capítulo VII.

Ante un penitente que es *sacerdote o candidato a las Órdenes sagradas y ha incurrido en alguna irregularidad u otro impedimento*, el confesor ha de tener presentes los cánones 1041-1049 del CIC.

1. Hay irregularidades (cfr. CIC 1041) y simples impedimentos (cfr. CIC 1042) que se oponen a la recepción del

Orden sagrado, y otras y otros que impiden su ejercicio (cfr. CIC 1044 §§ 1-2). Su dispensa, en algunos casos, está reservada exclusivamente a la Santa Sede (cfr. CIC 1044).

2. «La ignorancia de las irregularidades y de los impedimentos no exime de los mismos» (CIC 1045).

3. «*En los casos ocultos más urgentes*, si no se puede acudir al Ordinario, o a la Penitenciaría cuando se trate de las irregularidades indicadas en el canon 1041, nn. 3 (haber atentado matrimonio) y 4 (homicidio voluntario y aborto provocado), y hay peligro de grave daño o de infamia, puede ejercer un orden quien está impedido para ejercerlo, quedando en pie, sin embargo, la obligación de recuurir cuanto antes (en un mes) al Ordinario o a la Penitenciaría, sin indicar el nombre y por medio de un confesor» (CIC 1048).

4. *Si al confesor se le presenta un caso más complejo* y no sabe resolverlo de inmediato, puede preguntar al penitente si está dispuesto a acatar cuanto se le diga tras estudiar detenidamente el caso; si acepta, cabe darle la absolución. Después, el confesor debe pedir consejo a un sacerdote experto en la materia, así como tener en cuenta que el órgano competente de la Santa Sede para presentar los recursos es la Penitenciaría Apostólica.

XIV. EL CONFESOR
Y LA ABSOLUCIÓN SACRAMENTAL

1. *Cuando el confesor no tiene dudas sobre las precisas disposiciones del penitente*, ha de impartirle, por deber de justicia, la absolución (cfr. CIC 980).

2. *Cuando el confesor considera que el penitente no está suficientemente dispuesto*, intente ayudarlo a tener las disposiciones requeridas, o bien, de acuerdo con él, difiera la absolución para darle tiempo a prepararse mejor.

3. *El confesor no puede diferir la absolución* cuando el penitente, debidamente dispuesto, la desea.

4. *Cuando el confesor duda de las disposiciones del penitente*, debe formularle las preguntas oportunas para alcanzar certeza moral positiva o negativa sobre ellas.

5. *Cuando el confesor tiene certeza moral de que el penitente no está bien dispuesto,* porque le faltan el debido dolor y propósito de enmienda, *no puede impartirle la absolución de sus pecados.* Sin embargo, ha de negársela de tal modo que sea el propio penitente quien llegue al convencimiento de que no cabe absolverle en su actual estado.

El confesor, lógicamente, ha de exhortarle a que vuelva cuanto antes, una vez que haya reflexionado y esté dispuesto a recibir la gracia de Dios.

XV. LA CONFESIÓN SACRAMENTAL Y LA SAGRADA COMUNIÓN

Relaciones entre Penitencia y Eucaristía

Conviene señalar en primer término que la confesión sacramental no existe en función de la sagrada Comunión, como piensan erróneamente muchos fieles, que creen que para comulgar es siempre necesario confesarse antes. Se trata, en efecto, de dos sacramentos con finalidad y vida propias, que no tienen por qué ir necesariamente unidos.

El Bautismo y la Penitencia fueron instituidos por Jesucristo para perdonar los pecados. El Bautismo, puerta de los demás sacramentos, que es necesario al menos de deseo para la salvación del alma, borra el pecado original, así como todos los pecados cometidos antes de recibirlo (cfr. CIC 849). La Penitencia, en cambio, remite todos los pecados mortales y veniales cometidos después del Bautismo (cfr. CIC 959).

En la vida cristiana, la actividad más importante es la lucha contra el mal para conservar la gracia de Dios: ésta es como la vestidura nupcial (cfr. Mt 22,11-14) que un alma debe poseer, en el momento de la muerte, para entrar en el Cielo.

La gracia de Dios es también el pasaporte que se ha de presentar a la propia conciencia y a Dios, cuando se quiere recibir la Comunión eucarística.

Quien ha perdido la gracia de Dios por el pecado mortal no debe acercarse a comulgar, sin antes recobrarla con una buena y santa confesión. En cambio, quien está en gracia de Dios no necesita confesarse para recibir eficazmente a Jesucristo en la Eucaristía.

La Penitencia fue instituida sobre todo para que, quien pierde la gracia santificante por el pecado mortal, pueda recuperarla y así vivir en íntima amistad con Dios.

En conclusión, no es necesario comulgar inmediatamente después de confesarse. Puede recibirse la Sagrada Eucaristía también mucho tiempo después, siempre que en el alma esté en gracia de Dios.

La Sagrada Comunión

Para hacer una buena Comunión se precisa:

- estar en gracia de Dios;
- prepararse adecuadamente a recibir a Jesucristo y darle las gracias debidas;
- ayunar desde una hora antes.

Aquí vamos a fijarnos solamente en la primera de esas condiciones –la más importante–, en cuanto tiene relación con el sacramento de la Penitencia.

Quien recibe la Sagrada Comunión debe estar en gracia de Dios y, si no, comete un grave sacrilegio.

Antes de acercarse a comulgar, por tanto, todo fiel debe hacer un serio examen de conciencia, para ver si su alma está en gracia de Dios. Así lo indica San Pablo: «Quien indignamente coma el pan o beba el cáliz del Señor será reo del Cuerpo y de la Sangre de Cristo. Examínese, por tanto, cada uno a sí mismo y después coma de este pan o beba de este cáliz, pues quien come y bebe sin discernir el Cuerpo del Señor, come y bebe su propia condenación» (1 Cor 11,27-29).

Al examinar nuestra conciencia antes de comulgar, siempre a la luz de la recta moral cristiana, podemos encontrarnos con que:

a) *Tenemos certeza de estar en gracia de Dios*: en este caso, podemos acercarnos tranquilamente a recibir la Sagrada Comunión.

b) *Tenemos certeza de estar en pecado mortal*: no debemos comulgar, salvo que antes recuperemos la gracia santificante con una buena confesión. En caso de comulgar sin previa confesión, cometeríamos otro pecado mortal: un grave sacrilegio.

c) *Dudamos de estar en gracia de Dios*:
   — si la duda es *negativa* —no detectamos ningún pecado mortal, pero tenemos una vaga impresión subjetiva en ese sentido—, podemos acercarnos a comulgar;
   — en cambio, si la duda es *positiva* —sospechamos fundadamente que un comportamiento concreto ha sido pecado mortal, pero no acertamos a ase-

gurarlo—, entonces es mejor optar por la parte más segura: no comulgar sin previa confesión, para evitar el peligro de recibir indignamente a Jesucristo en la Eucaristía y cometer así un grave sacrilegio[25].

Por delicadeza con el Señor, nunca por escrúpulo, hay veces en que, sin estricta necesidad de hacerlo, conviene confesarse antes de recibir la Sagrada Comunión: es el caso, por ejemplo, de quien hace bastante tiempo que no se confiesa y es conciente de haber cometido muchos pecados veniales, aunque ninguno mortal[26].

El Código de Derecho Canónico, en atención a circunstancias singulares, *concede alguna excepción a lo dicho*: «Quien tenga conciencia de hallarse en pecado grave, no celebre la Misa ni comulgue el Cuerpo del Señor sin acudir antes a la confesión sacramental, a no ser que concurra un motivo grave y no haya posibilidad de confesarse; y en este caso, tenga presente que está obligado a hacer un acto de contrición perfecta, que incluye el propósito de confesarse cuanto antes» (CIC 916; cfr. Conc. de Trento: DS 1661).

Según las indicaciones de este canon, tomadas del Concilio de Trento, *para celebrar lícitamente la Santa Misa o para comulgar sin previa confesión*, sino sólo con un acto de contrición perfecta, se requieren *dos condiciones, que han de darse a la vez: una razón grave e imposibilidad de confesarse*.

---

[25] Epígrafe reelaborado en la edición española.
[26] Párrafo incorporado en la versión castellana.

1.ª *La razón grave* existe cuando hay tal necesidad de celebrar la Misa o comulgar que no puede evitarse sin escándalo, infamia u otro daño. Esto sucede si el sacerdote debe oficiar una Misa en horario fijo, o de matrimonio, de funeral, etcétera; o bien si el fiel se acuerda de haber cometido un pecado mortal cuando ya está al pie del altar.

El fiel no puede considerar como razón grave la asistencia a una Misa exequial o a otros solemnes celebraciones litúrgicas (cfr. Juan Pablo II, Carta *Dominicae Cenae*, 24-II-1980, n.11).

2.ª *No hay posibilidad de confesarse*: no se tiene a disposición un confesor, sin grave dificultad física o moral. Por "grave" debe entenderse aquí "fuera de lo ordinario".

XVI. LAS INDULGENCIAS

La enseñanza de la Iglesia sobre las indulgencias se encuentra sintetizada en la Constitución Apostólica de Pablo VI "Indulgentiarum Doctrina", de 1 de enero de 1967.

Conforme a esa Constitución, la Penitenciaría Apostólica publicó el 29 de junio de 1968 el nuevo *"Enchiridium indulgentiarum - Normae et Concessiones"*: la relación de indulgencias, sus normas y requisitos de concesión. En castellano se ha editado, a cargo de la Conferencia Episcopal española, con el título de *Manual de indulgencias*.

El Código de Derecho Canónico recoge la doctrina sobre las indulgencias en los cánones 992-997. Y el Catecismo de la Iglesia Católica en los nn. 1471-1479.

Noción

«*La indulgencia es* la remisión ante Dios de la pena temporal por los pecados, ya perdonados en cuanto a la culpa, que un fiel dispuesto y cumpliendo determinadas condiciones, consigue por mediación de la Iglesia, la cual, como administradora de la redención, distribuye y aplica con autoridad el tesoro de las satisfacciones de Cristo y de los Santos» (CIC 992).

1. *La indulgencia es la remisión ante Dios de la pena temporal por los pecados, ya perdonados en cuanto a la culpa.*
Todo pecado incluye una culpa −ofensa a Dios− y una correspondiente pena que expiar.
El pecado mortal incluye una culpa grave y una pena eterna. El pecado venial, una culpa leve y una pena temporal.
La indulgencia remite sólo la pena temporal −no la eterna−, y esto cuando la culpa ya ha sido perdonada.
La pena eterna debida por los pecados mortales se remite a la vez que se perdona la culpa, pero quedan siempre penas temporales que expiar.
La indulgencia remite, pues, las penas temporales de los pecados veniales y mortales ya perdonados.

2. *Por mediación de la Iglesia.*
Por "Iglesia" se entiende aquí el Romano Pontífice, los Obispos y aquellos a quien se lo otorgue el Papa o el derecho: sólo estas personas tienen poder de conceder la indulgencia.

3. *La Iglesia distribuye y aplica con autoridad el tesoro de las satisfacciones de Cristo y de los Santos.*
La indulgencia significa el pago de las deudas penales de los pecadores, hecho a Dios por medio de una especie

de hacienda pública, que es el tesoro de la Iglesia, constituido por los méritos infinitos de Cristo, de la Virgen y de los Santos. Esos méritos son siempre la fuente de las indulgencias.

4. *La Iglesia concede la indulgencia a los fieles vivos a modo de absolución.*

La indulgencia no es un puro acto de gracia, por el cual la pena sería remitida gratuitamente, sino una compensación que se realiza en virtud del tesoro de los méritos de Cristo, María y los Santos.

Esta satisfacción *vicaria* —es decir, que Cristo, María y los Santos *hagan las veces* de otro, y sus méritos remitan la pena temporal de éste último—, es posible gracias a la unidad del Cuerpo místico de Cristo, es decir, de la Comunión de los Santos.

El poder de las indulgencias se apoya en el "poder de las llaves" que Cristo concedió a Pedro y a los Apóstoles, y en el dogma de la Comunión de los Santos.

5. *La Iglesia concede la indulgencia a los difuntos a modo de sufragio.*

No teniendo jurisdicción sobre las almas que viven fuera de este mundo, la Iglesia presenta a Dios los méritos de Cristo, la Virgen y los Santos, para que Él perdone las penas temporales a quienes están en el Purgatorio. Nosotros podemos ayudarles, porque también ellos son miembros del Cuerpo místico de Cristo, que es la Iglesia, en la cual rige la ley de la Comunión de los Santos: el intercambio de bienes espirituales entre quienes están en el Cielo, en el Purgatorio y en la tierra.

Las indulgencias, sean parciales o plenarias, siempre cabe ofrecerlas por difuntos concretos a modo de sufragio, pero la santidad y justicia infinitas de Dios puede evidentemente aplicarlas por quien juzgue más oportuno; entre otras cosas, porque tanto si el beneficiario está en el Cielo como en el Infierno –cuestión que ignoramos–, Dios no va a dejar que las indulgencias sean ineficaces.

División de las indulgencias

La indulgencia puede ser parcial o plenaria.

La indulgencia *parcial* remite sólo una parte de la pena temporal debida por los pecados cometidos y ya perdonados.

La indulgencia *plenaria* remite toda la pena temporal.

«*Todo fiel puede lucrar para sí mismo o aplicar por los difuntos*, a manera de sufragio, las indulgencias tanto parciales como plenarias» (CIC 994).

Nadie puede aplicar las indulgencias que lucre por otros que todavía viven.

Quién puede concederlas

Puede conceder indulgencias, en primer lugar, *el Romano Pontífice*, a quien Cristo Señor ha confiado la distribución de todo el tesoro espiritual de la Iglesia.

«*Además de la autoridad suprema de la Iglesia*, sólo pueden conceder indulgencias aquellos a quienes el derecho reconoce esta potestad (Cardenales, Patriarcas y Obispos diocesanos), o a quienes se lo ha concedido el Romano Pontífice» (CIC 995 § 1).

«*Ninguna autoridad inferior al Romano Pontífice* puede otorgar a otros la potestad de conceder indulgencias, a no ser que se lo haya otorgado expresamente la Sede Apostólica» (CIC 995 § 2).

Condiciones para lucrar la indulgencia plenaria

Las condiciones para lucrar una indulgencia plenaria son:

1.ª Estar bautizado
2.ª No estar excomulgado
3.ª Hallarse en estado de gracia por lo menos al final de las obras prescritas
4.ª Ser súbdito de quien concede la indulgencia
5.ª Tener intención al menos habitual de lucrar la indulgencia
6.ª El cumplimiento exacto de las obras prescritas.

Además, para lucrar la indulgencia se requiere:

1.º La purificación del alma no sólo del pecado mortal, sino del pecado venial: el aborrecimiento o la exclusión de cualquier apego a ellos.
2.º La confesión sacramental en los quince días anteriores o posteriores al cumplimiento de la obra prescrita. Con una sola Confesión es posible lucrar muchas indulgencias plenarias.
3.º La Comunión eucarística, dentro del mismo plazo

que la confesión. Sólo cabe lucrar una indulgencia plenaria por cada Comunión.

4.º Rezar por las intenciones del Romano Pontífice: es suficiente rezar un *Padrenuestro* y un *Avemaría*, aunque siempre se pueden añadir otras oraciones.

5.º Si la obra prescrita para lucrar la indulgencia plenaria consiste en visitar una iglesia o un oratorio, es suficiente recitar un *Padrenuestro* y un *Credo*.

6.º Sólo cabe lucrar una indulgencia plenaria al día, a excepción de los moribundos.

Las indulgencias plenarias

Sería prolijo y casi imposible dar aquí la relación de las indulgencias parciales, ya que la Iglesia las concede por la realización de muchos actos religiosos: rezo de oraciones, recepción de bendiciones, uso del agua bendita o de medallas, besar el crucifijo, obras de misericordia, etcétera.

Más sencillo e importante es ofrecer la lista de acciones por cuya realización la Iglesia, con las condiciones indicadas más arriba, concede indulgencia plenaria.

1. *Adoración del Santísimo Sacramento.* Por visitar a Jesús en la Eucaristía y permanecer en adoración al menos media hora.

2. *Visita a las basílicas patriarcales romanas.* Por visitar una de esas cuatro basílicas y recitar allí un *Padrenuestro* y un *Credo*: a) en la fiesta del titular: San Pedro del Vaticano

y San Pablo Extramuros, 29 de junio; San Juan de Letrán, 24 de junio, y Santa María la Mayor, 5 de agosto; o b) en cualquier domingo o fiesta de precepto; o c) una vez al año, en otro día, a elección del fiel.

3. *Bendición papal.* Por recibir, al menos a través de la radio o de la televisión, la Bendición *"Urbi et Orbi"* del Romano Pontífice, o la Bendición papal que el Obispo diocesano puede impartir tres veces al año.

4. *Visita al cementerio.* Por ir al cementerio entre los días 1 al 8 de noviembre y rezar allí, al menos mentalmente, por los difuntos; la indulgencia plenaria sólo es aplicable por la almas del Purgatorio.

5. *Adoración de la Cruz.* Por asistir a los Oficios de Viernes Santo y adorar devotamente la Cruz de Cristo.

6. *«Heme aquí, oh mi amado y buen Jesús...».* Por recitar esta oración cada viernes de Cuaresma ante una imagen de Cristo crucificado, después de comulgar.

7. *Congreso Eucarístico.* Por participar en la solemne Misa de conclusión de un Congreso eucarístico.

8. *Ejercicios espirituales.* Por asistir a unos ejercicios espirituales de tres días de duración, al menos.

9. *Acto de reparación al Sagrado Corazón de Jesús.* Por recitar piadosamente en público el acto de reparación *«Oh Jesús dulcísimo...»*, en la solemnidad del Sagrado Corazón de Jesús.

10. *Acto de consagración del género humano a Cristo Rey.* Por recitar piadosamente en público el acto de consagración del género humano a Cristo Rey *«Oh Jesús dulcísimo, Redentor del género humano...»,* en la solemnidad de Cristo Rey.

11. *Bendición apostólica in articulo mortis.* Por recibir en trance de muerte la Bendición apostólica impartida por un sacerdote.

La fórmula es: «En virtud de la facultad que me ha concedido la Sede Apostólica, te concedo la indulgencia plenaria y la remisión de todos los pecados, en el nombre + del Padre y del Hijo y del Espíritu Santo». R.- Amén.

12. *El fiel solo, in articulo mortis.* Cuando no se tiene a disposición un sacerdote, la Iglesia concede la indulgencia plenaria al fiel en trance de muerte, con tal de que esté debidamente dispuesto y haya recitado habitualmente durante la vida alguna oración. Para lucrar esta indulgencia es recomendable el uso del crucifijo.

La condición de "haber recitado habitualmente durante la vida alguna oración" suple en este caso las tres condiciones requeridas para lucrar una indulgencia plenaria: confesar, comulgar y rezar por las intenciones del Romano Pontífice.

El fiel en trance de muerte puede lucrar la indulgencia plenaria aun el mismo día en que ha conseguido otra.

13. *Uso de objetos de piedad.* El 29 de junio, solemnidad de San Pedro y San Pablo, por usar un objeto de piedad –crucifijo, escapulario, medalla– bendecido por el Ro-

mano Pontífice o el Obispo, y recitar una fórmula legítima de profesión de fe.

14. *Participación en misiones.* Por escuchar alguna predicación y asistir después a la solemne conclusión de una Santa Misión.

15. *Primera Comunión.* Por recibir la Primera Comunión o asistir devotamente a la Primera Comunión de otros.

16. *Primera Misa solemne.* El sacerdote recién ordenado, por celebrar su primera Misa solemne ante el pueblo; y los fieles, por asistir.

17. *Rezo del Rosario.* Por rezar una parte del Santo Rosario —cinco misterios— en una iglesia u oratorio, o bien en familia, en una comunidad religiosa o en una asociación piadosa.

18. *Celebración jubilar de la ordenación sacerdotal.* El sacerdote que cumple 25, 50 ó 60 años de su ordenación, por renovar ante Dios el propósito de cumplir fielmente las obligaciones de su vocación. También los fieles, por asistir a la Misa jubilar que celebre el sacerdote.

19. *Lectura de la Sagrada Escritura.* Por leer la Sagrada Escritura con la debida veneración a la Palabra de Dios y a modo de lectura espiritual, al menos durante media hora.

20. *Visitar las iglesias estacionales.* Por participar, el día fijado, en las funciones sagradas que se celebran por la mañana o por la tarde en la iglesia estacional.

21. *Sínodo diocesano*. Por visitar, durante el tiempo del Sínodo diocesano, la iglesia donde se tienen las sesiones y recitar allí un *Padrenuestro* y un *Credo*; se concede una sola vez.

22. *«Tantum ergo» (adoración al Santísimo)*. Por recitar el *"Tantum ergo"* el Jueves Santo, después de la Misa de la *Cena del Señor*, y en la acción litúrgica de la solemnidad del Corpus.

23. *"Te Deum"*. Por recitar en público el himno *"Te Deum"*, en acción de gracias a Dios, el último día del año.

24. *"Veni Creator"*. Por recitar pública y devotamente el himno *"Veni Creator"* el primer día del año y en la solemnidad de Pentecostés.

25. *Ejercicio del "Via Crucis"*. Por hacer el *"Via crucis"*, con las siguientes condiciones:

a) Delante de las 14 estaciones (cuadros o cruces) erigidas en las iglesias y oratorios.
b) Para cada estación es suficiente una piadosa meditación de la Pasión y Muerte de Cristo.
c) Es preciso trasladarse de una estación a otra. Si el *"Via Crucis"* se realiza con otros, pueden moverse todos o sólo quien lo dirige.
d) Los fieles impedidos pueden lucrar la misma indulgencia plenaria si se dedican a la lectura piadosa y meditación de la Pasión y Muerte de Jesús al menos durante un cuarto de hora.

26. *Visitar la iglesia parroquial.* Por hacerlo y recitar allí un *Padrenuestro* y un *Credo*, en la fiesta del titular o el día 2 de agosto, en que se concede la indulgencia plenaria de la *"Porciúncula"* (el perdón de Asís). Según la utilidad de los fieles, el Obispo puede cambiar esos días de la indulgencia.

27. *Visitar una iglesia o un altar el día de la dedicación.* Por visitar una u otro en el aniversario de su dedicación y recitar allí un *Padrenuestro* y un *Credo*.

28. *Visitar una iglesia u oratorio en la conmemoración de todos los fieles difuntos (2 de noviembre).* Lucran indulgencia plenaria, aplicable sólo por la almas del Purgatorio, los fieles que visitan piadosamente una iglesia u oratorio desde mediodía del 1 de noviembre a medianoche del 2 de noviembre, y allí recitan un *Padrenuestro* y un *Credo*. El Obispo puede disponer que también pueda lucrarse el domingo anterior o posterior, así como durante todo el 1 de noviembre, solemnidad de Todos los Santos.

29. *Visitar una iglesia u oratorio de religiosos, en el día dedicado a su fundador.* Por visitar esa iglesia u oratorio y recitar allí un *Padrenuestro* y un *Credo*.

30. *Visita pastoral.* Por asistir, durante la visita pastoral, a una función litúrgica presidida por el visitador.

31. *Renovación de las promesas bautismales.* Por renovar las promesas bautismales durante la celebración de la Vigilia Pascual del Sábado Santo, o en el aniversario del propio Bautismo.

32. *El Jubileo*. El Romano Pontífice, cada 25 años o en alguna otra ocasión especial, concede la indulgencia plenaria, en las condiciones que se indican al comienzo del Año Santo.

También se lucra indulgencia plenaria en otros jubileos particulares. Los hay que son ocasionales, en atención a un aniversario u otro acontecimiento especial: fundación de una iglesia o culto a una imagen popular, por ejemplo. Y los hay frecuentes, cada vez que concurre una circunstancia periódica: el más célebre de ellos es el Año Santo Compostelano, jubileo que se gana en la catedral de Santiago de Compostela, de 1 de enero a 31 de diciembre, cada año en que el 25 de julio, fiesta del Apóstol Santiago, cae en domingo.

APÉNDICE

Examen de conciencia para la confesión

Deberes con Dios

–¿He callado algún pecado grave en mis confesiones pasadas, o no he tenido verdadero arrepentimiento o propósito de enmienda?

–¿He recibido la Sagrada Comunión en pecado mortal?

–¿He dudado o, peor, negado voluntariamente alguna verdad de fe?

–¿He aceptado doctrinas condenadas por la Iglesia: divorcio, aborto, eutanasia, etcétera?

–¿He tenido vergüenza de confesar mi fe católica?

–¿He faltado al respeto a personas, lugares o cosas sagradas?

–¿He dado crédito a supersticiones, conjuros, horóscopos, adivinanzas, cartomancias, sesiones espiritistas?

–¿He rezado con devoción mis oraciones de la mañana y de la noche?

–¿He descuidado mi formación en las verdades de la fe?

–¿He blasfemado contra Dios, la Virgen o los Santos?

–¿He pronunciado sus nombres en vano o con poco respeto?

–¿He hecho votos y promesas que no he cumplido?

–¿He jurado con ligereza o, peor, en falso?

–¿He revelado algún secreto?

–¿He faltado a Misa los domingos y fiestas de precepto por negligencia, pereza, imprevisión o mala voluntad? ¿La he escuchado entera?

–¿He trabajado esos mismos días sin graves motivos?

Deberes con el prójimo y con uno mismo

–¿He manifestado amor, respeto y obediencia a mis padres y superiores? ¿Les he dado disgustos serios?

–¿He descuidado el cumplimiento de los deberes de mi estado?

–¿He tratado mal a mis subordinados?

–¿He observado las leyes civiles?

–¿He faltado al respeto a los pobres, necesitados, discapacitados, etcétera?

–¿He infligido conscientemente un daño físico o moral a alguien?

–¿He practicado, aconsejado o facilitado el aborto?

–¿He conducido imprudentemente: a excesiva velocidad o saltándome las normas de circulación?

–¿He odiado o deseado algún mal al prójimo? ¿Le he amenazado o insultado?

154

–¿He cometido actos impuros? ¿Solo? ¿En compañía de otra persona? ¿Del mismo o de distinto sexo?

–Si estoy casado, ¿he usado indebidamente el matrimonio?

–¿He consentido pensamientos, deseos o miradas impuras?

–¿He leído libros o revistas indecentes, asistido a espectáculos inmorales, o frecuentado compañías peligrosas?

–¿He participado en conversaciones procaces o las he escuchado?

–¿He dado escándalo con mi modo de hablar, de vestir o de actuar?

–¿He buscado voluntariamente ocasiones próximas de pecado?

–¿He robado? ¿Cosas de elevado o exiguo valor?

–¿He restituido lo robado o encontrado?

–¿He engañado al vender, al comprar o en el trabajo?

–¿He reparado el daño –físico, moral o material– infligido a otro?

–¿He pagado las deudas? ¿Y el salario justo a mis empleados?

–¿He dicho mentiras?

–¿He calumniado a alguien?

–¿He testificado falsamente en juicio contra otro?

–¿He tenido actitudes hipócritas, poco claras o desconfiadas hacia alguien?

–¿He pensado o hablado mal de otros?

–¿He sido soberbio, ambicioso, orgulloso, vanidoso o egoísta?

–¿Estoy fuertemente apegado a las cosas materiales?

–¿He sido iracundo?

–¿He tenido o mantengo rencor a alguien?

–¿Me he embriagado o drogado? ¿He abusado de la comida, de la bebida o del tabaco?

–¿He tenido o tengo envidia de alguien?

–¿He guardado el ayuno y la abstinencia en los días establecidos por la Iglesia?

APOSTILLA FINAL
A LA EDICIÓN ESPAÑOLA

Don Salvador es un sacerdote anciano con muchas miles de horas de confesonario a sus espaldas, con quien trabajé codo con codo durante tres cursos en la capellanía de un colegio del Sur de España.

Treinta o cuarenta años antes, don Salvador había escuchado a un viejo militar una versión retocada de la clásica y mariana oración española *Bendita sea tu pureza*. Y así se la enseñaba siempre a los alumnos del colegio y a los asistentes a la catequesis en su parroquia.

La versión añade un estrambote final que, si bien quiebra las reglas métricas de la *décima* o *espinela* e incluso la secuencia lógica del texto, no deja de rebosar sabiduría: ciencia sabida y saboreada, ya saben. Dice así:

> Bendita sea tu pureza
> y eternamente lo sea
> pues todo un Dios se recrea
> en tan graciosa belleza.
> A Ti, celestial princesa,
> Virgen sagrada María,
> te ofrezco en este día
> alma, vida y corazón.
> Mírame con compasión.
> No me dejes, Madre mía,
> *morirme sin confesión.*

Simplemente, por si a alguien le sirve, ahí queda.

J.R.P.A.

ESTE LIBRO, PUBLICADO POR
EDICIONES RIALP, S. A.,
MANUEL URIBE 13-15, 28033 MADRID,
SE TERMINÓ DE IMPRIMIR
EN ARTES GRÁFICAS ANZOS, S. L.,
FUENLABRADA (MADRID),
EL DÍA 22 DE ENERO DE 2024.